글은 AI가 쓰고 돈은 내가 버는

초고속
블로그
수익화 전략

새벽리더 지음

글은 AI가 쓰고 돈은 내가 버는
초고속 블로그 수익화 전략

위즈덤하우스

프롤로그

글은 AI가 써도
돈은 당신이 벌기를

AI가 글을 대신 써주는 시대가 열렸다.

이제는 누구나 몇 번의 클릭만으로 블로그 글을 만들어낼 수 있게 되었다. 하지만 중요한 건 블로그 글을 쓴다는 사실이 아니다. 진짜 중요한 건 그 글을 통해 '돈을 버는 사람'과 '그렇지 못한 사람'이 극명하게 갈리고 있다는 것이다. 그것이 이 책의 제목을 '글은 AI가 쓰고 돈은 내가 버는 초고속 블로그 수익화 전략'으로 정한 이유이기도 하다. 글은 AI에게 맡기더라도, 그 글로 돈을 버는 주인공은 바로 당신이었으면 하기 때문이다.

나는 지난 5년 동안 네이버에서 IT 인플루언서로 활동해왔다. 직장을 다니면서도 블로그로 월급 이상의 수익을 만들어낼 수 있었고, 결국 2023년 3월에는 전업 블로거로 전향했다. 퇴사 후 현재까지도 블로그 하나로 월평균 1000만 원이 넘는 수익을 꾸준히 달성하고 있다.

여기서 꼭 짚고 넘어가야 할 게 있다. 이건 강의나 전자책 판매로 벌어들인 수익이 아니라는 거다. 실제 블로그를 운영해본 경험도 없이 이론만 짜깁기해 강의나 전자책을 팔며 "월 1000만 원"을 외치는 사람들과는 다르다는 걸 강조하고 싶다. 오직 네이버 블로그 하나로 시작해, 수없이 실패하고 좌절하고 다시 일어서는 과정을 거쳐 지금에 도달한 것이기 때문이다.

솔직히 나는 특별한 사람이 아니다. 집안은 가난했고 화려한 스펙이나 인맥도 없으며 지방 전문대 출신인, 그저 평범 이하의 청년일 뿐이었다. 그렇기에 감히 말할 수 있다. 내가 할 수 있었으니 당신도 반드시 할 수 있다는 걸. 그저 인터넷 검색을 할 줄 알고, 타자를 칠 줄 알고, 무엇보다 '포기하지 않는 마음'만 있다면 누구든지 블로그로 최소 월급 이상의 수익을 만들어낼 수 있다고 생각한다.

전업 블로거로 전향한 이후, 내 경험을 나누고 싶어 유튜브를 시작했다. 감사하게도 3개월 만에 구독자 1만 명을 돌파했고, 지금은 3만 명 가까운 사람들이 내 채널을 구독하고 있다. 영상에서 나는 블로그로 어떻게 수익화를 할 수 있었는지, 시행착오 속에서 무엇을 배웠는지를 가감 없이 풀어냈다. 하지만 유튜브라는 특성상 깊이 있게 다루지 못한 부분이 많았다. 그래서 이 책을 쓰게 되었다.

이 책에는 유튜브에서 다루지 못한 디테일한 전략과, 최근 달라진 네이버 로직(예를 들어 홈피드 노출, 쇼핑커넥트 등)의 신기능 공략법까지 업데이트해 실었다. 하지만 트렌드는 늘 바뀌고 있다. 그래서 나는 본질에 충실한 장기적인 수익화 전략과 블로그 성장의 뼈대를 중심으로 이 책을 구성했다.

이 책은 단순히 AI 활용법을 가르쳐주는 것이 아니라 글쓰기를 넘어서 수익으로 직결되는 블로그 운영 전략을 알려주는 책이다. AI는 어디까지나 도구일 뿐이고, 진짜 중요한 건 그 도구를 어떤 순서와 전략으로 활용해 나가느냐다. 나는 그 과정을 7단계의 테크트리로 정리했다. 이 책을 통해 당신은 'AI 글쓰기 → 방문자 수 증가 → 체험단/광고 → 인플루언서 → 전업 전환'까지 이어지는 초고속 성장 로드맵을 확인하게 될 것이다.

부디 이 책이 당신의 블로그 여정에 있어 가장 확실한 첫걸음이 되기를 바란다. 그리고 AI가 글을 대신 써주는 시대에도, 결국 돈을 버는 주인공은 당신이 되어야 한다는 것을 꼭 기억했으면 한다.

차례

프롤로그　글은 AI가 써도 돈은 당신이 벌기를　　4

Part 1. 초고속 블로그 수익화의 7단계 테크트리　　10

1단계　돈이 될 만한 주제를 선정하자　　13
　블로그 주제 선정 체크리스트　　16

2단계　일 방문자 수 300명을 목표로 글을 써보자　　23
　예시 키워드 1) 연말정산 환급금 조회 방법　　31
　예시 키워드 2) 서울 크리스마스 축제 일정　　32
　예시 키워드 3) 소득공제 되는 항목 정리　　32
　예시 키워드 4) 전세 사기 예방법　　33
　예시 키워드 5) ETF의 종류 및 특징　　33

3단계　생활비에서 월 30만~40만 원 절약하기　　36

4단계　일 방문자 수 2000명과 홈페이지형 블로그　　46

5단계　박스권 탈출 및 1만 명 목표　　56

6단계　1만 명 이후, 원고료 수익 폭발시키기　　62

7단계　월급 초과 부업? 아니면 전업?　　72

Part 2. 블로그 수익화와 AI 활용 노하우　82

1 **내 체급에 맞는 키워드 찾기**　85
　1) 웨어이즈포스트　87
　2) 황금키워드 채굴기 프로그램　91

2 **블로그 글쓰기와 챗GPT 활용**　95
　1) 글의 퀄리티를 높이는 챗GPT 맞춤 설정과 GPTs　98
　2) 나만의 GPTs 만들기　101
　3) GPTs의 실제 사용법　105
　4) S메모 프로그램 활용하기　109
　5) AI를 활용한 이미지 생성 방법　112

3 **방문자 박스권 탈출 전략**　116
　1) 다포스팅 전략　117
　2) 황금키워드 재선정　119
　3) 시즌성 키워드 활용　122
　4) 스마트블록 시리즈 공략　127
　5) 네이버 홈판 노출　129

4 **블태기 극복 전략**　134

5 **포스팅용 사진 촬영 노하우**　139

6 **광고주 메일 수집 및 역제안 방법**　143

7	저품질 블로그의 원인과 극복 방법	147
	1) 유사 문서, 유사 이미지	150
	2) 원고와 사진을 제공하는 '건 바이 건' 복붙 기자단	151
	3) 불법 키워드	154
	4) 광고법에 민감한 키워드	155
8	블로그 지수가 더 이상 중요하지 않은 이유	157
9	숏폼과 네이버 클립, 또 하나의 수익화 파이프라인	160
	숏폼 병행을 고려해야 하는 이유	162
10	퍼스널 브랜딩, 블로그에서도 중요하다	164
	브랜딩 글쓰기, 어떻게 시작해야 할까	165
	1) 전자책 제작 및 발행하기	166
	2) 블로그에 1:1 컨설팅 모집 글 올려보기	168
	3) 정보나 지식을 무료로 나누고 스크랩을 활용하기	170

Part 3. 블로그의 '카더라' 관련 Q&A 총정리　172

에필로그	인생 2막이 될 여러분의 블로그를 응원하며	214
부록	블로그 핵심 용어 모음집	217

Part 1.

초고속 블로그 수익화의 7단계 테크트리

이 책을 읽는 독자들 중에는 이미 블로그를 가지고 있는 분도 있고, 막 블로그를 시작한 분도 있을 것이다. 파트 1에서는 네이버 블로그를 활용해 1단계부터 7단계까지 각각 어떠한 목표를 설정하고, 어떻게 밟아나가야 수익화를 할 수 있을지를 설명하고자 한다. 1단계부터 차근차근 따라 하다 보면 어느샌가 자신의 블로그도 수익을 내고 있음을 발견하게 될 것이다.

1단계

돈이 될 만한
주제를 선정하자

 네이버 블로그를 이제 막 시작한 사람이 가장 먼저 해야 할 일은 무엇일까? 물론 블로그를 꾸미고 세팅하는 것도 중요하겠지만 가장 근본적으로 해야 할 일은 바로 글을 작성하는 것이다.

 그런데 어떤 글을 써야 할지 막막할 수 있다. 오늘 하루 있었던 일기를 써야 할까, 주말에 다녀온 맛집의 후기를 써야 할까? 이 두 가지 주제는 블로그를 처음 시작하는 많은 사람들이 실제로 자주 택하는 것들이다. 접근하기 쉽다는 이유에서 말이다. 물론 아예 시작조차 하지 않는 것보다는 훨씬 낫지만, 그런 주제의 글쓰기는 내 블로그로 돈을 버는 것과 연결되지 않는다. 단순히 오늘 하루 있었던 일을 기록하고 싶다면 다이어리를 쓰는 편이 더 낫다.

이 책을 읽고 있는 독자라면 블로그를 하나의 '부업'으로 접근하고자 하는 사람일 것이다. 그렇다면 가장 중요한 것은 '내가 쓰고 싶은 글'이 아니라 '돈이 되는 글'을 써야 한다는 점이다.

돈이 되는 글인지는 어떻게 판단할 수 있을까? 그 기준은 단순하다. 그 글의 주제에 광고를 붙이고자 하는 기업이 많은지를 보면 된다. 예를 들어 나는 IT/테크 분야를 주제로 블로그를 운영 중이고, 이 주제 안에는 삼성, LG, SK, KT 같은 국내 대기업은 물론 애플, 소니, 캐논 같은 글로벌 기업들도 자주 등장한다. 이처럼 앞으로 블로그를 운영할 때에는 해당 분야의 광고에 투자할 만한 기업이 많은 주제를 선택하고, 그들과 협찬할 수 있는 블로그를 만들겠다는 관점으로 접근해야 한다.

물론 IT/테크 분야에는 관심이 전혀 없고 관련 글을 쓰기 어렵다고 느낄 수도 있다. 하지만 광고주가 많은 분야는 IT/테크 외에도 다양하다. 실제로 네이버 블로그에서 광고주가 많아 일명 '귀족 카테고리'로 불리는 분야들이 있다. 여행, 패션, 뷰티, 푸드, IT/테크, 자동차, 리빙, 육아, 생활/건강, 게임, 동물/펫, 경제/비즈니스, 어학/교육이 그러한 분야들이다. 이 중 하나를 선택해 블로그를 운영한다면 광고 협업을 통해 최소 월급 이상의 수익화를 기대할 수 있다.

반면 광고주가 많지 않은 '천민 카테고리'도 존재한다. 운동/레저, 프로스포츠, 방송/연예, 대중음악, 영화, 공연/전시/예술, 도서 분야가 그 예들이다. '천민 카테고리'라는 표현이 다소 강하게 들릴 수 있지만, 해당 주제를 운영하는 블로거들에게 악의는 전혀 없다. 단지 이러한 분야들의 경우에는 트래픽을 끌어오는 데 유리하더라도 광고 단가가 낮은 편임을 인지해두는 편이 좋다는 이야기를 하고 싶은 것이다.

예를 들어 프리미어리그의 경기 결과, 화제의 셰프, '나는 솔로' 같은 이슈성 키워드를 다루면 어떨까? 폭발적인 방문객 유입은 가능하니 애드포스트 수익은 낼 수 있으나, 실제 광고를 통한 수입은 크지 않다. 광고를 집행하는 광고주 수는 적은 데다 그나마도 소규모 업체들이 대부분이고 광고비 대신 도서, 공연 티켓, 헬스장 이용권 같은 현물만 지급하는 경우가 많기 때문이다.

다시 말해 '천민 카테고리'의 주제로 블로그를 운영한다면 방문객 유입이 많아지긴 하겠으나 월급 이상의 돈을 벌기 위해서는 '귀족 카테고리'의 블로거보다 두 배 이상 노력해야 한다는 뜻이다. 매일 뉴스 속보나 연예 이슈를 빠짐없이 다루고, 네이버 모바일 메인 영역인 홈판 노출이나 피드메이커 선정 같은 '운'에도 기대야 하니 그만큼 안정적인 수익을 기대하기는 쉽지 않다.

다시 한번 강조한다. 블로그로 안정적인 수익화를 이뤄내고 싶다면 광고주로부터 협찬을 받을 수 있는 리뷰형 블로그를 구축해야 한다. 그러기 위해서는 반드시 '귀족 카테고리', 즉 여행, 패션, 뷰티, 푸드, IT/테크, 자동차, 리빙, 육아, 생활/건강, 게임, 동물/펫, 경제/비즈니스 중 하나를 주제로 정해야 한다. 이건 꼭 기억하길 바란다.

아직 블로그 주제를 정하지 못한 독자라면, 자신이 가장 관심 있고 오래 다룰 수 있는 분야가 무엇인지 스스로 체크해보길 권한다.

다음의 표를 활용하면 주제 선정에 조금이나마 도움이 될 것이다.

블로그 주제 선정 체크리스트

다음 표에는 '귀족 카테고리'의 각 분야별로 다섯 개씩의 문항이 있다. 각 다섯 개 문항에 0점(전혀 그렇지 않다)부터 5점(매우 그렇다)으로 점수를 매긴 뒤 해당 분야의 점수를 합산해보자. 이 총점으로 해당 분야에 대한 자신의 주제 선정 적합도를 가늠해볼 수 있다. 당신은 어느 분야의 점수가 가장 높은가?

분야	문항	점수	총점
여행	나는 평소 여행을 다니고 돌아다니는 걸 좋아한다.		
	나는 여행 다니면서 사진 찍는 걸 좋아한다.		
	나는 여행을 다닐 때 미리 계획을 짜고 계획대로 움직이는 걸 좋아한다.		
	나는 여행지에서 맛집 찾아다니는 걸 좋아한다.		
	나는 여행사나 호텔로부터 여행 경비를 지원받고 협찬을 받아 여행 다니는 걸 꿈꾼다.		
패션	나는 평소 패션에 관심이 많고 트렌드에 민감하다.		
	나는 주기적으로 옷을 자주 사는 편이다.		
	나는 종종 주변 사람들로부터 '패션 감각이 좋다', '옷발 잘 받는다'라는 소리를 듣는다.		
	나는 셀카를 자주 찍고 인스타그램에 내 사진을 자주 올린다.		
	나는 브랜드나 쇼핑몰로부터 모자, 안경, 상의, 하의, 신발 등의 협찬을 받아보는 걸 꿈꾼다.		

분류	항목		
뷰티	나는 외모에 관심이 많다.		
	나는 주기적으로 올리브영과 같은 뷰티숍에 들러 화장품을 사는 편이다.		
	나는 종종 주변 사람들로부터 화장을 잘한다는 얘기를 듣는다.		
	나는 셀카를 자주 찍고 인스타그램에 내 사진을 자주 올린다.		
	나는 브랜드나 쇼핑몰로부터 화장품 협찬을 받아보는 걸 꿈꾼다.		
푸드	나는 요리에 관심이 많다.		
	나는 실제로 요리 유튜브나 블로그를 보고 레시피대로 요리를 따라 한다.		
	나는 종종 주변 사람들로부터 요리 잘한다는 얘기를 듣는다.		
	나는 음식 사진을 자주 찍고 인스타그램에 내가 한 요리 사진을 자주 올린다.		
	나는 요리와 관련된 직업을 갖고 있다.		
IT/테크	나는 최신 전자기기에 관심이 많다.		
	나는 다나와, 퀘이사존, 쿨리앙 같은 커뮤니티를 비롯해 유명 IT 유튜버의 영상을 즐겨 보는 편이다.		
	나는 맘에 드는 전자기기가 있다면 종종 구매를 하고 애플, 삼성, LG 등의 전자기기를 다섯 개 이상 보유하고 있다.		
	나는 종종 주변 사람들에게 조립 PC나 노트북, 각종 IT 기기 구매에 대한 조언을 해준다.		
	나는 각종 전자기기 업체로부터 협찬을 받아보는 걸 꿈꾼다.		
자동차	나는 매년 출시되는 신차에 관심이 많다.		
	나는 보배드림 같은 커뮤니티를 비롯해 유명 자동차 유튜버의 영상을 즐겨 보는 편이다.		
	나는 맘에 드는 신차가 있으면 종종 시승을 한다.		
	나는 현재 차량을 운행 중이고 세차나 차량 관리를 자주 받는다.		
	나는 자동차 관련 업체로부터 시승 행사나 차량 관련 부품 등의 협찬을 받아보는 걸 꿈꾼다.		

분류	항목		
리빙	나는 가구를 배치하고 집 꾸미는 걸 좋아한다.		
	나는 살림이나 리빙 관련 인스타그램, 유튜버의 콘텐츠를 즐겨 보는 편이다.		
	나는 주방용품 등에 관심이 많아 자주 사는 편이다.		
	나는 집 사진을 자주 찍고 내가 구매한 주방용품 사진을 인스타그램에 자주 올린다.		
	나는 리빙 관련 업체들로부터 가구나 주방 관련 물품의 협찬을 받아보는 걸 꿈꾼다.		
육아	나는 예비 엄마 또는 아이를 출산한 지 얼마 안 됐다.		
	내가 출산하면서 직장을 그만두거나 휴직을 해 우리집은 외벌이 상황이 됐다.		
	나는 각종 육아 관련 물품을 열심히 검색하고 구매한다.		
	나는 아이 교육이나 양육에 관심이 많다.		
	나는 육아 업체들로부터 육아용품의 협찬을 받아보는 걸 꿈꾼다.		
생활/건강	나는 평소 건강이나 의학 쪽에 관심이 많다.		
	나는 각종 비타민이나 영양제 등에 관심이 많고 구매하는 편이다.		
	나는 건강이나 의학 관련 직업을 갖고 있다.		
	나는 건강이나 의학과 관련해 다양한 글을 쓰는 데 어려움이 없을 것 같다.		
	나는 건강 관련 업체들로부터 비타민이나 영양제 등의 협찬을 받아보는 걸 꿈꾼다.		
게임	나는 평소 게임을 즐겨 하고 신작 게임에 관심이 많다.		
	나는 게임 관련 커뮤니티를 즐겨 찾고 게임 관련 유튜버의 영상을 즐겨 보는 편이다.		
	나는 스팀, 콘솔, 모바일 게임 팩이나 아이템을 종종 구매하기도 한다.		
	나는 게임 등의 공략집을 자주 보며 엔딩을 보기도 한다.		
	나는 게임 업체들로부터 광고를 받아 게임을 소개하고 리뷰하는 걸 꿈꾼다.		

동물 /펫	나는 반려견 또는 반려묘를 키우고 있다.		
	나는 유튜브에서 반려견이나 반려묘 관련 콘텐츠를 즐겨 보는 편이다.		
	나는 강아지나 고양이뿐 아니라 모든 동물에 관심이 많다.		
	나는 동물과 관련된 모든 글을 작성하는 데 어려움이 없을 것 같다.		
	나는 펫 상품 업체들로부터 반려동물 관련 물품의 협찬을 받아보는 걸 꿈꾼다.		
경제 /비즈니스	나는 평소 부동산, 주식, 경제에 관심이 많고 공부도 한다.		
	나는 경제나 주식 관련 뉴스를 즐겨 보는 편이다.		
	나는 정부의 복지나 정책, 혜택 등에 관심이 많고 공부를 하고 싶다.		
	나는 부동산, 주식, 투자 상품, 복지, 정책 등에 관련한 글을 작성하는 데 큰 어려움이 없을 것 같다.		
	나는 은행이나 증권사 들로부터 광고 협찬을 받아보는 걸 꿈꾼다.		
어학 /교육	나는 평소 교육, 어학, 자격증 쪽에 관심이 많고 관련 업종에 종사한다.		
	나는 교육, 어학, 자격증 관련 유튜브 콘텐츠를 즐겨보는 편이다.		
	나는 교육, 어학, 자격증에 관심이 많고 공부를 하고 싶다.		
	나는 교육, 어학, 자격증, 시험 등에 관련한 글을 작성하는 데 큰 어려움이 없을 것 같다.		
	나는 학원, 학교, 자격증 기관들로부터 광고 협찬을 받아보는 걸 꿈꾼다.		

총점 구간별 추천도

총점	추천도	비고
20~25점	강력 추천	해당 주제에 대한 관심과 몰입도가 충분함. 콘텐츠의 지속성과 수익화 가능성이 모두 높으므로 지금 당장 이 카테고리로 블로그를 시작해도 좋음.
15~19점	추천	기초 관심도와 실천력이 있음. 자료 수집과 타 블로거 분석을 병행하면 빠르게 성장 가능. 도중에 찾아올 수 있는 동기 저하만 잘 관리하면 충분히 성공할 수 있음.
10~14점	보통	흥미는 있으나 장기적으로 이어갈 수 있을지 점검 필요. 수익화보다는 취미형 블로그로 변질될 가능성이 있으니 신중히 선택할 것.
5~9점	비추천	관심도와 실행력 모두가 낮은 상태. 해당 주제의 글을 지속적으로 쓰기 어렵고, 수익화에 이르기까지 큰 어려움이 따를 수 있으니 다른 주제의 탐색을 권장함.
0~4점	강력 비추천	이 주제로 블로그 운영을 시작하면 도중에 중단할 가능성이 거의 100퍼센트임. 수익화 이전에 글쓰기 자체가 힘들 수 있으니 완전히 다른 주제를 추천함.

나 역시 지금의 블로그로 수익화를 하기 전까지는 IT/테크 분야의 주제에 별로 큰 관심이 없었다. 현재 운영 중인 계정이 아닌, 처음에 운영했던 블로그의 주제는 공연/전시/예술, 이른바 '천민 카테고리' 중 하나였다. 때문에 비록 그 블로그로 2010년 네이버가 선정한 '올해의 파워블로거'에 뽑히기도 했지만 수익화를 이어가는 데는 어려움이 많았다. 이후 블로그에 대한 흥미를 잃게 되었고, 수익이 나

내 초기 블로그의 주제는 '미술 디자인'이었다.

지 않으니 손도 가지 않은 것은 당연한 수순이었다.

게다가 그 무렵부터는 메일이나 쪽지, 댓글을 통해 '사진과 원고를 그대로 올려주기만 하면 건당 10만 원씩 제공하겠다'는 기자단 제안들이 스팸처럼 몰려들기 시작했다. 그러한 유혹들에 넘어가 최적화 블로그이자 파워블로거 배지까지 달았던 그 블로그를 불과 3개월 만에 저품질 블로그로 날려버리는 안 좋은 경험도 했다.

요즘 많이들 쓰는 표현 중에 "최고의 동기부여는 돈기부여"라는 말이 있다. 말 그대로 '돈이 된다면 블로그를 계속해서 운영해나가는 추진력이 생긴다'는 뜻이다. 그러니 앞서의 체크리스트를 통해 살펴본 주제들 중 한둘에서 점수가 높게 나왔다면 그것을 주제로 하는 블로그 운영을 진지하게 고민해보면 좋겠다. '내가 과연 이 주제의 블로그를 잘 운영할 수 있을까?'라는 의문이 들 수도 있겠지만, 다른 주제들보다 점수가 높게 나왔다면 뒤돌아보지 말고 '돈기부여'가 생길 때까지 절대 포기하지 말기를 바란다.

이렇게 향후 자신의 블로그에서 다룰 주제를 정하는 것이 1단계라면 이제는 2단계를 밟아야 한다. 해당 주제를 가지고 어떻게 블로그의 글을 써내려가야 하는지, 그리고 방문자 수를 어떻게 늘려갈 수 있는지가 2단계의 핵심이다. 이에 대해 지금부터 구체적으로 알아보자.

2단계

일 방문자 수
300명을 목표로 글을 써보자

자신이 운영할 주제를 정했다면 당연히 그 주제에 맞는 블로그 글을 작성할 수 있어야 한다. 하지만 그 전에 반드시 2단계 목표를 설정해야 하는데, 바로 '내 블로그의 하루 방문자가 300명이 되게 하자'가 그것이다.

현재 나는 블로그의 하루 방문객이 2만~3만 명이고 월 1000만 원에 가까운 부수익을 거두고 있다. 그러나 이제 막 블로그를 시작한 사람이 처음부터 이렇게 높은 목표를 잡는다면 백이면 백, 중간에 '이건 돈이 안 돼' 하며 지쳐 나가떨어질 확률이 높다. 그렇기 때문에 현실적으로 쉽게 달성 가능한 '일 방문자 수 300명'이라는 목표를 설정해야 하는 것이다.

일 방문자 수가 300명에 이르면 어떤 점이 좋아질까? 우선 이는 '첫 번째 수익화'를 위한 기반이 된다. 이때의 '첫 번째 수익화'란 블로그에 관심이 조금이라도 있는 사람이라면 한 번쯤 들어봤을 '체험단' 선정 요건에 해당한다. 체험단에 선정되는 것은 이제 막 블로그를 시작한 이들이 네이버 블로그로 수익화를 할 수 있는 가장 쉽고 유의미한 방법 중 하나다.

물론 네이버 자체 광고 수익인 애드포스트로 수익을 올릴 수도 있다. 하지만 애드포스트 승인이 나고 수익 화면을 처음 열어보면 크게 실망할 가능성이 높으니 미리 단단히 각오해두어야 한다. 잘 해야 몇 백 원, 대부분은 몇 십 원, 심하면 몇 원 수준으로 표시되는 숫자를 보게 될 테니 말이다. 그렇기 때문에 우리는 생활비를 아낄 수 있는 현실적 수익 수단인 체험단에 선정되기 위해 일 방문자 수 300명을 우선 목표로 해야 한다.

여기까지 이해되었다면 이제 자연스럽게 "그래서 300명을 만들려면 글을 어떻게 써야 하는 거야?"라는 질문이 생길 것이다. 네이버 블로그에는 일명 'C-랭크(C-RANK)'라 불리는 알고리즘이 존재한다. C-랭크는 '크리에이터 랭크(Creator-RANK)', 즉 '작성자가 특정 주제에 대해 어느 정도의 전문성을 갖췄는가'를 판단하는 시스템이다. '네가 한 가지 주제로 꾸준히 글을 작성하면 우리가 너의 전문성을 인정하고, 앞으로 네가 쓰는 글을 상위에 노출시켜줄게'라고 하는 시스템으로 이해하면 되겠다.

물론 C-랭크는 그것이 갖고 있는 나름의 문제점 때문에 이후

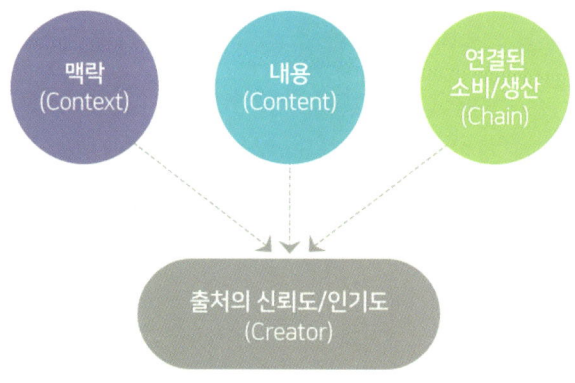

C-랭크에 대한 네이버의 공식 설명

'D.I.A 로직'이라는 새로운 시스템이 생겨나기도 했다. 하지만 그건 사실 블로그 수익화를 하는 데 있어서 알면 알수록 머리만 아파지는 불필요한 내용이다. 그러니 일단 주제를 정한 지금부터는 그 주제에 맞는 글을 꾸준히 발행하면서 블로그 지수, 즉 C-랭크 점수를 높이는 데 집중해야 한다.

그런데 이제 막 시작한 초보 블로거라면 난감함을 많이 느낄 것이다. 주제를 정했다 해도 어떤 글을 써야 할지 막막할 수 있고, 특히나 '전문성 있게 글을 쓴다'는 것이 너무 어렵게 느껴질 수 있는 탓이다.

나 역시 블로그를 오래 운영해오고 있지만 시행착오가 꽤 있었다. 앞서 말했던 공연/전시/예술 주제의 첫 블로그는 저품질로 날려버렸고, 다시 시작한 블로그는 명확한 주제 없이 이것저것 올리는

'잡블로그'에 불과했다. 그저 그날그날 있었던 일을 생각나는 대로 포스팅하다 보니 어떤 날은 맛집 블로그였다가, 또 어떤 날은 여행 블로그였다가, 아이가 태어난 이후엔 육아 블로그가 되는 등 정체성이 모호해졌던 것이다. 글을 쓰는 것 자체는 어려운 일이 아니었지만 이런저런 주제들을 잡다하게 다루니 '전문성'이 없었고, 그 결과 C-랭크 점수를 쌓는 것도 어려운 일이 되었다. C-랭크 점수가 낮은 블로그로 수익화를 한다는 것은 당연히 어불성설이었다.

기존에 블로그를 운영해봤거나 현재 운영 중이지만 수익화를 제대로 해본 경험이 없는 분들이라면, 그분들의 블로그는 대부분 과거의 내 경우처럼 특정 주제가 없는 '잡블로그'일 가능성이 높다. 그러나 우리의 목표는 '안정적인 수익을 거두는 블로그'다. 이 목표를 성취하려면 업체로부터의 협업이나 광고 제안이 필수적이고, 그런 제안을 받는 블로그를 만들려면 한 가지 주제를 정하고 올바른 목표를 세워 테크트리대로 운영해야만 한다.

이제부터는 내가 친형에게 블로그 컨설팅을 해줬던 실제 경험을 예시로 소개해보겠다. 내가 한창 직장을 다니며 월급과 블로그 수익을 합쳐 월 800만 원 가까이 벌고 있었던 시기의 일이다.

어느 날 형에게 지금까지의 블로그 수익을 정리한 엑셀 표를 보여주며 이른바 '돈밍아웃'을 했다. 형은 내가 블로그를 한다는 건 알고 있었지만 그저 체험단으로 맛집이나 다니고 생필품 정도 받아 생활비를 아끼는 수준의 부업이라 여기고 있었다. 그래서였는지 내가 내민 엑셀 표를 보자 형은 믿을 수 없다는 표정으로 "이거 진짜냐?"라고 되물었고, 나는 "내가 형한테 뭐 하러 거짓말을 하겠어?"라 반문했다.

내가 보여준 수익에 자극을 받아서였을까. 며칠 뒤 형은 "나도 블로그 하는 방법 좀 알려줄 수 있어?"라는 카톡을 내게 보냈다. 평소 자존심 셌던 형이 동생인 나한테서 배우겠다 하니 꽤 놀랐지만 나는 기꺼이 형을 위한 컨설팅을 시작했다. 우선 앞서 다룬 1단계에서의 방식을 따라 주제를 잡아보라 제안했고, 형은 평소 부동산과 주식, 코인 등에 관심이 많으니 비즈니스/경제 분야가 적합하겠다는 판단을 내렸다.

형이 자신의 블로그 주제로 택한 경제/비즈니스 분야는 내가 전문적으로 다뤄온 것이 아니었기 때문에 내용 자체에 대해 조언을 하기는 어려웠다. 그러나 어떤 키워드를 쓰면 방문자 유입이 늘어 방문자 수가 증가할 것인지에 대한 전략만큼은 명확히 알고 있었다. 그래서 형에게 추천한 도구가 네이버 인플루언서들을 위해 제공되는 '인플루언서 키워드 사이트'였다.

'인플루언서 키워드 사이트'는 2020년부터 네이버가 도입한 시스템으로, 한 가지 주제에 꾸준히 글을 써온 블로거들을 공식적으로 '네이버 인플루언서'로 선정하고 그들에게 전용 키워드와 노출 혜택 등을 제공하는 서비스다. 각 분야별로 수천 개에서 수만 개의 키워드가 정리돼 있기 때문에, 어떤 글을 써야 할지 막막했던 초보자들도 아이디어를 쉽게 얻을 수 있다는 장점이 있다.

네이버 인플루언서 키워드 사이트(https://in.naver.com/keywords).

나 역시 블로그 초창기 시절에는 '어떤 키워드를 써야 전문성을 인정받고 방문자도 늘까?' 하는 생각에 늘 골머리를 앓았지만, 이 키워드 사이트를 알고 난 후부터는 그런 고민을 덜 수 있었다. 실제로 내 블로그의 일 방문자 수는 1년 가까이 2000명을 넘지 못했는데, 이 사이트의 키워드를 활용한 뒤에는 2개월 만에 2만 명 이상의 방문자 수를 기록하기도 했다.

다만 한 가지 주의할 점이 있다. 현재의 인플루언서 키워드는 '블로그 좀 한다'는 사람들의 치열한 전쟁터다. 이미 인플루언서로 선정된 블로거들이 자기 분야의 키워드를 노출시키기 위해 매일같이 글을 올리고 있고, 그렇기에 이제 막 시작한 초보 블로거가 동일 키워드로 글을 써 상위에 노출시키기란 결코 쉽지 않다. 그래서 내가 형에게 알려준 방법은 가장 하단에 있는 키워드, 즉 경쟁률이 낮은 키워드부터 노려보라는 것이었다.

인플루언서 키워드 페이지의 최상단에는 참여 순으로 인기 있는 키워드들이 먼저 나온다. 즉, 참여율이 높은 키워드일수록 경쟁이 치열한 키워드라고 보면 된다. 이걸 무시하고 그저 무턱대고 상단의 키워드로 글을 써봤자 이미 상위권은 강자들로 도배되어 있는 상황이라 거의 효과를 거두지 못한다. 그래서 페이지다운(PgDn) 키를 한참 눌러 페이지 최하단까지 내려가야 한다.

하지만 창을 새로 열거나 새로고침하면 처음부터 또다시 스크롤을 내려야 하니, 이럴 땐 이렇게 하자.

① 키보드의 PgDn 키를 눌러 맨 하단 이동
② 키보드에서 Ctrl + A를 눌러 키워드 전체를 선택
③ 키보드에서 Ctrl + C를 눌러 복사
④ 메모장을 열고 키보드에서 Ctrl + V를 눌러 ③에서 복사한 내용을 붙여넣기

이렇게 하면 해당 주제의 모든 키워드가 한 번에 복사된다. 그런 뒤엔 맨 하단부터 키워드를 하나하나 살펴보며 '오늘은 어떤 키워드로 글을 써볼까?' 생각하고, 그중 하나를 가볍게 골라 글쓰기를 시작

하면 된다. 이 방법을 활용하면 매일 키워드 고민에 시간을 낭비하지 않아도 되고, 경쟁이 덜한 키워드로 꾸준히 글을 쌓아나갈 수 있다는 장점이 있다.

 이에 더해 각 키워드별로 월간 PC 검색량, 월간 모바일 검색량, 월간 총 검색량을 조회해 구글 스프레드 시트에 정리해놓아도 좋다. 이렇게 해두면 현재 사용자들 사이에서 인기 있는 키워드들이 무엇인지 한눈에 파악할 수 있다. 또한 자신이 블로그에서 활용할 만한 키워드가 잘 떠오르지 않을 때 이 자료를 참고하면 꽤 도움이 되기도 한다.

네이버 인플루언서
IT테크자동차

키워드	월간 PC 검색량	월간 모바일 검색량	월간 총 검색량
인스타그램	1106200	2599600	3705800
인스타	357500	878300	1235800
YOUTUBE	425400	578000	1003400
띄어쓰기검사기	319900	600400	920300
페이스북	257800	566100	823900
네이버폼	428900	360000	788900
엔비디아	186400	586100	772500
캔바	460600	142200	602800
갤럭시S25	84300	462800	547100
구글지도	358700	112900	471600
네이버메일	46000	404900	450900
아이폰16	54700	306300	361000

네이버 인플루언서 키워드 사이트에서 복사한 키워드 및 관련 수치 들을 정리한 자료.

다만 주의해야 할 점이 하나 있으니, 네이버 인플루언서 키워드 사이트에 나오는 모든 키워드에 대해 글을 작성하라는 것으로 오해해선 안 된다. 반드시 사람들을 유입시킬 수 있을 만한 키워드를 골라내 '정보성 글'을 작성할 수 있어야 하기 때문이다. 정보성 글이란 쉽게 말해 네이버를 통해 사람들이 정보를 얻을 목적으로 찾아볼 법한 글을 말한다.

예를 들어보자. 지금이 12월이라 가정해보자. 이 시기의 네이버 사용자들은 '크리스마스 축제'나 '크리스마스 행사' 같은 키워드로 정보를 검색할 가능성이, 또 직장인이라면 연말정산 관련 키워드로 정보를 검색할 확률이 높다. 그러니 그와 관련된 키워드를 활용해 글을 작성하는 것이 좋다. 그 글이 상위에 노출된다면 당연히 많은 사람들이 정보를 얻기 위해 내 블로그로 유입될 것이고, 그에 따라 방문자 수가 크게 늘어날 테니 말이다.

사람들이 정보를 얻기 위해 검색해볼 법한 '키워드', 이게 바로 내 블로그 방문자 수를 높일 수 있는 핵심이다. 다음은 방문자 수 증가에 도움이 될 수 있는 키워드들, 그리고 그 키워드로 쓸 수 있는 글에 대한 가이드를 정리한 것이니 독자들이 활용해보면 좋겠다.

예시 키워드 1) 연말정산 환급금 조회 방법
- **효과적인 키워드인 이유**
    - 연말이 되면 직장인들이 반드시 검색하는 키워드임과 동시에, 실제로 국민들이 가장 많이 궁금해하는 실용 정보 중 하나다.

- 글쓰기 가이드
  - 글 제목의 예: 2025 연말정산 환급금, 모바일로 3분 만에 조회하는 법
  - 본문 구성 팁: 국세청 홈택스 또는 손택스 접속 방법 / 로그인 방법 및 메뉴 경로(캡처 가능하면 좋음) / 조회 화면 설명 / 실제 환급금 예시나 꿀팁 (예: 부양가족 넣는 법) / 자주 나오는 질문 두세 개

예시 키워드 2) 서울 크리스마스 축제 일정

- 효과적인 키워드인 이유
  - 12월이면 매년 지역별 크리스마스 축제를 찾는 사람이 엄청 많다. 행사 일정, 장소, 입장료, 볼거리 정보에 대한 수요가 폭발한다.
- 글쓰기 가이드
  - 글 제목의 예: 2025 서울 크리스마스 축제 총정리(일정·위치·주차 팁까지)
  - 본문 구성 팁: 행사 날짜, 시간, 위치 / 유무료 여부 / 아이랑 가기 좋은 포인트 / 대중교통 및 주차 정보 / 공식 홈페이지 링크 또는 지도 첨부

예시 키워드 3) 소득공제 되는 항목 정리

- 효과적인 키워드인 이유
  - 연말정산 시즌이면 '혹시 내가 놓친 공제 항목은 없을까?'라며 궁금해하는 사람들이 이 주제를 엄청나게 검색하기 때문에 방문객 유입에 큰 도움이 된다.
- 글쓰기 가이드
  - 글 제목의 예: 2025 연말정산 놓치기 쉬운 소득공제 항목 총정리

- 본문 구성 팁: 교육비, 의료비, 기부금, 보험료 등의 대표 항목 / 공제 요건 및 한도 / 실생활에서의 예시(예: 안경 구매도 의료비?) / 자주 틀리는 항목(예: 경조사비, 가족카드)

예시 키워드 4) 전세 사기 예방법

- **효과적인 키워드인 이유**
  - 부동산 관련 뉴스에서 '깡통전세', '보증금 떼임' 같은 키워드가 뜰 때 실제 검색량이 급증할 정도로 민감하고 실용적인 키워드다
- **글쓰기 가이드**
  - 글 제목의 예: 전세 사기 피하려면 꼭 확인해야 할 다섯 가지
  - 본문 구성 팁: 등기부등본 확인 방법 / 확정일자, 전세권 설정 안내 / 보증보험 가입하는 법 / 전세 계약 시 해야 할 질문 리스트

예시 키워드 5) ETF의 종류 및 특징

- **효과적인 키워드인 이유**
  - 초보 투자자들이 '어떤 ETF를 사야 할까?' 하며 ETF 종류나 분배 기준을 검색할 확률이 높다.
- **글쓰기 가이드**
  - 글 제목의 예: S&P500? QQQ? ETF 종류별 특징 한눈에 정리해봤다
  - 본문 구성 팁: / ETF란?(간단한 개념 정리) / 대표 ETF 비교(IVV, QQQ, SCHD 등) / 수수료, 배당, 추종지수 / 초보자 추천 조합

내 조언을 받은 형은 경제/비즈니스 분야를 시작하면서 경쟁이 덜한 키워드들 중 자신이 글로 작성할 만한 정보성 키워드를 하나씩 택해 공략해나갔다. 그 결과 시작한 지 한 달 만에 형의 블로그는 일 방문자 수 1000명, 두 달째에는 3000명, 그리고 석 달째에는 5000명을 달성하며 엄청나게 성장했다.

그러니 이제 막 블로그를 시작한 분이라면 이 방법을 활용해보길 추천한다. 2단계 목표인 일 방문자 수 300명 달성은 아마 어렵지 않게 이뤄낼 것이다. 형에게 적용했던 이 노하우를 나는 유튜브를 시작하면서 두 차례에 걸쳐 영상으로 제작해 올렸는데, 많은 분들이 시청해주신 덕에 현재까지 무려 18만 회에 가까운 조회 수를 기록하기도 했다.

그런데 한편으로는 다음과 같은 의문이 생길 수도 있다.

"해당 키워드를 보긴 했지만 도무지 어떻게 글을 작성해야 할지 모르겠던데요?"

"알려주신 방법으로 정보성 글을 작성해봤는데 방문자 수는 별로 안 오르더라고요?"

네이버 블로그 수익화 단계를 설명해 유튜브에 올렸던 영상.

이것도 어떤 면에서는 사실이다. 앞서 설명한 방법을 활용하는 네이버 인플루언서와 일반 블로거가 점점 많아졌고, 그에 따라 이제 막 블로그를 시작한 블로거들은 이 방법을 적용하기가 점차 어려워졌기 때문이다.

이를 극복하기 위해서는 키워드를 좀 더 세분화하는 노하우가 필요하다. 키워드 세분화 방법과 정보성 글쓰기 노하우는 뒤에 나올 '블로그 수익화와 AI 활용 노하우'에서 자세히 다뤘다. 일단 여기서 '수익화 7단계 테크트리'에 집중해 블로그 수익화의 목표와 방향에 대한 내용부터 확실하게 파악하고 넘어가기로 하자.

3단계

생활비에서
월 30만~40만 원 절약하기

　일 방문자 수 300명을 달성했다면 그 이후엔 어떤 목표를 설정해야 할까? 블로그를 하는 많은 분들이 내게 정말 자주 던지는 질문이 있다. "어떤 강사한테서 들었는데, 체험단을 하면 블로그에 문제가 생긴다면서요?"가 그것이다.

　정말 그럴까? 물론 광고법에 민감한 일부 체험단의 경우에는 실제로 블로그에 문제가 생기는 경우가 분명 있다. 금융, 대출, 개인회생, 보험, 다이어트, 건강기능식품, 의약품, 의료기기, 시력보정용 안경, 전자담배, 주류, 병원 체험단의 예가 그러한 체험단의 예다.

　그러나 이 외의 체험단 대부분은 블로그 운영에 별 문제가 되지 않는다. 오히려 주제와 관련된 체험단이라면 내 블로그에 플러스 요인이 되고, 블로그 운영에 재미를 느낄 수 있는 강력한 동기부여가 되기도 한다.

나는 현재까지 블로그를 운영하면서 무려 1000건에 가까운 체험단을 진행해왔다. 또한 본격적인 수익화에 들어가기 전까지 내 블로그는 월 30~40만 원 정도의 생활비를 절약시켜주는 아주 좋은 파이프라인 수단 중 하나였다.

그간 내가 유튜브를 통해 "일 방문자 수 300명 이상만 달성해도 월 30만~40만 원의 생활비를 아낄 수 있어요. 그러니 체험단 활동을 열심히 하세요" 하며 체험단의 중요성에 대해 설파한 것도 그런 이유에서였다. 그런데 하루는 이런 댓글이 달렸다.

"어휴, 블로거지 XX들… 그거 뭐 돈으로 주는 것도 아니고 월 30만~40만 원 아껴서 입에 풀칠이나 하겠어? 그거 할 바엔 그냥 배달 뛰고 대리운전하는 쪽이 돈을 더 벌겠다."

물론 당장 돈이 급한 분들이라면 배달과 대리운전을 하는 게 맞다고 나도 생각한다. 하지만 본업이 있는 직장인, 또는 아이를 낳고 육아 중인 엄마의 경우라면 말도 안 되는 이야기다. 직장인의 경우 퇴근 후 배달이나 대리운전을 하는 것은 길게 봤을 때 건강과 안전 면에서 너무나 위험하기 때문에 나는 강력하게 반대하는 쪽이다. 또한 전업주부가 되었든 워킹맘이 되었든, 육아하는 엄마도 그런 일을 하기가 어려운 것은 매한가지다. 일하는 시간에 육아해줄 사람을 구하기도 여의치 않고, 설사 운 좋게 구해서 워킹맘으로 생활한다 해도 갑자기 아픈 아이를 병원에 데려가기 위해 조퇴를 하거나 어린이

집 하원 시간에 맞춰 일찍 퇴근해야 하는 경우가 비일비재하기 때문이다. 이런 상황에서 배달이나 대리운전 등의 다른 일까지 하기란 생각보다 훨씬 더 힘든 것이 현실이다.

그런 분들에게 있어 ==네이버 블로그는 시간과 장소에 구애받지 않고 월 30만~40만 원 정도의 생활비를 절약시켜주는 현실적 부업 수단이다.== 게다가 자신이 얼마나 노력하느냐에 따라 ==직장 월급보다 더 많은 수익을 올릴 수도 있다.== 나처럼 퇴사 후 전업 블로거로 전향하거나 그러한 경험을 바탕으로 강의 혹은 집필 활동까지 가능해진 경우라면 이 부업을 굳이 안 할 이유가 없다는 게 내 생각이다.

2017년, 첫째 아이가 태어난 직후 아내가 회사에서 갑작스럽게 해고 통보를 받았다. 정확히 말하자면 아내가 속해 있던 회사의 법인 자체가 폐업됐고, 다른 직원들 대부분은 본사로 이직할 수 있었지만 아내는 출산했다는 이유로 이직의 기회를 받지 못했다(정당한 절차였기에 법적으로 문제를 제기할 수도 없었다). 나 역시 지방 전문대 졸업자인 데다 제대로 된 커리어도 없이 작은 쇼핑몰만 전전하던 상황이었다 보니, 아이가 태어날 당시에는 월 200만 원의 실수령액을 겨우 받는 평균 이하의 직장인에 불과했다.

가장으로서 가족을 먹여 살려야 한다는 책임감은 강했지만 그 무렵 내게는 회사 생활 외의 뾰족한 해답이 없었다. 당시에도 블로그는 취미처럼 하고 있었지만 가끔 메일로 들어오는 맛집이나 육아용품 체험단 활동을 하는 정도가 전부였다. 블로그를 수익화한다는 개념 자체가 없었고, 심지어 체험단을 통해 생활비를 월 30만 ~40만 원이나마 아껴야겠다는 생각도 못했던 것이다. 이듬해 회사에서 월급을 올려주긴 했지만 고작 10만~20만 원 수준이었다.

그러다 2019년에 둘째가 태어나면서 '지금 다니는 회사에 안주하면 도저히 미래가 없겠다'라는 생각이 들어 새로운 회사로 이직을 했다. 더불어 한국방송통신대학교 미디어영상학과에 편입까지 하기에 이르렀다. 2년제 지방 전문대 졸업이라는 내 학력이 계속 마음에 걸렸던 터라, 직장생활을 하면서 그 점을 해결해보기로 결심했던 것이다.

당시 새로 이직한 회사는 가전제품과 노트북 등을 판매하는 업체였는데, 하루는 무선 청소기 홍보를 위해 블로그 체험단을 모집하려 한다는 얘기를 듣게 되었다. 때마침 우리 집에도 청소기가 필요했기에 나는 조심스럽게 팀장님을 찾아가 이렇게 말했다.

"팀장님. 제가 개인적으로 블로그 활동을 하고 있는데요, 정성스럽게 리뷰해드릴 테니 체험단에 저도 포함시켜 주시면 안 될까요?"

다행히 팀장님은 내 청을 허락해주었고, 나는 청소기를 사용해본 뒤 체험단 리뷰를 작성했다. 우리 회사 제품에 대한 리뷰인 만큼 사진도 깔끔히 여러 장 찍어 넣는 등 온갖 정성과 공을 들여서 말이다(당시 작성한 청소기 리뷰는 https://blog.naver.com/flythfk2/221786861267에서 확인할 수 있다).

내가 써서 올린 무선 청소기 리뷰는 회사 내에서 무척 좋은 반응을 얻었다. 그것이 계기가 된 덕분일까. 이후에도 내게는 노트북, 가

당시 내가 작성한 청소기 체험단 리뷰에 넣은 사진 중 하나.

습기, 공기청정기, 보조배터리 등 신제품이 출시될 때마다 리뷰 요청이 들어왔다. 적게는 몇 만 원, 많게는 몇 십만 원 하는 제품들이었지만 이러한 활동 덕분에 구입비를 아낄 수 있었고, 이는 생활에도 실질적인 도움이 되었다. 그때 딱 이런 생각이 들었다.

'이거 체험단만 제대로 해도 매달 고정적으로 나가는 생활비를 꽤나 아낄 수 있겠는데?'

그 이후 나는 국내에 있는 거의 모든 체험단 플랫폼에 가입했다. 기존에 내가 알고 있던 체험단 사이트라 해봐야 가장 유명한 '레뷰' 정도가 전부였는데, 검색을 해보니 그 외의 곳들도 정말 많아 한눈에 보고 찾아가기 쉽도록 정리해두어야 했다. 다음은 내가 운영하는

'새벽피플즈' 카페에 올려두기도 한, 국내 체험단 39곳의 리스트다.

① 인플렉서: https://inflexer.net
② 레뷰: https://www.revu.net
③ 리뷰플레이스: https://www.reviewplace.co.kr/pr
④ 링블: https://www.ringble.co.kr
⑤ 네이버쇼핑 체험: https://shopping.naver.com/plan2/p/experience.naver
⑥ 미즈넷: https://cafe.naver.com/miznett
⑦ 다나와 체험단: http://event.danawa.com
⑧ 강남맛집: https://xn--939au0g4vj8sq.net
⑨ 스토리앤미디어: https://www.storyn.kr/index.php
⑩ 리뷰어스: https://reviewus.co.kr/index.php
⑪ 구구다스: https://99das.com/amz/main/index.do
⑫ 리뷰웡: http://reviewtong.co.kr/main.php
⑬ 시원뷰: https://www.sioneview.com
⑭ 블로그주민센터: https://www.from-blog.com
⑮ 뽐뿌 체험단: https://www.ppomppu.co.kr/zboard/zboard.php?id=experience
⑯ 블로그랩: https://blog.naver.com/bloglab00
⑰ 놀러와체험단: https://www.cometoplay.kr
⑱ 디너의여왕: https://dinnerqueen.net

⑲ 픽미체험단: https://www.pick-me.kr

⑳ 오마이블로그: https://kormedia.co.kr

㉑ 블로그119: https://blog.naver.com/jyplove7942

㉒ 포블로그: https://4blog.net

㉓ 체험단닷컴: https://chehumdan.com

㉔ 미블체험단: http://www.mrblog.net

㉕ 모두의블로그: https://www.modublog.co.kr

㉖ 마케팅셰프: https://blog.naver.com/goodtaster8

㉗ 마블의체험단: https://blog.naver.com/master-blog

㉘ 모아스픽: https://www.moaspick.com

㉙ 대한민국어디: https://www.korod.co.kr

㉚ 리얼리뷰: https://www.real-review.kr

㉛ 리뷰노트: https://www.reviewnote.co.kr

㉜ 클라우드리뷰: https://www.cloudreview.co.kr

㉝ 08리터: https://www.08liter.com/try

㉞ 택배의여왕: https://tqueens.net

㉟ 뷰티의여왕: https://bqueens.net

㊱ 가보자체험단: http://xn--o39a04kpnjo4k9hgflp.com

㊲ 데일리뷰: https://www.dailyview.kr

㊳ 슈퍼멤버스 앱: https://url.kr/12rq6z

㊴ 크넥: https://cnec.co.kr/index.php

여러 사이트를 꾸준히 살펴본 결과 각 사이트에는 하루에도 수백 개의 체험단 모집 글이 매일같이 올라옴을 알 수 있었다. 또한 맛집을 비롯해 미용실, 뷰티, 숙박 같은 방문형 서비스뿐만 아니라 가전제품, 생필품, 화장품, 육아용품 등을 집으로 보내주는 배송형까지 체험단의 종류가 엄청나게 다양하다는 점도 알게 되었다.

당시 내 블로그의 일 방문자 수는 300명 남짓한 수준에 불과했다. 그러나 신청했던 것이 떨어지든 말든 크게 기대하지 않고 매일 하루 루틴처럼 각 체험단 사이트를 돌며 필요하다 싶은 제품이나 서비스는 전부 신청했다. 치약이 필요하면 치약 체험단, 샴푸가 필요하면 샴푸 체험단, 아이 장난감이 필요하면 장난감 체험단 모집에 신청하는 글을 올리는 식이었다.

그러다 어느 순간부터는 하나둘 체험단에 당첨되기 시작했다. 기존에는 내 돈 주고 사야 했던 물품들을 돈 들이지 않고 받게 되니 매달 고정적으로 지출되던 생활비를 정말 많이 아낄 수 있었다. 절약한 만큼의 돈이 고스란히 저축 계좌로 들어가니, 결국 체험단은 우리 가계에 있어 실제 현금과 다름없는 효과를 주는 수단이 되었다.

그런데 간혹 "체험단을 아무리 신청해도 당첨이 잘 안 돼요"라고 하시는 분들도 있다. 물론 인기 많은 제품은 경쟁률이 높기 마련이다. 하지만 체험단 사이트가 워낙 많은 데다 다양하고 하루에도 정말 많은 모집 글이 올라오기 때문에, 다소 유명하지 않은 체험단 사이트의 경우에는 내가 신청하는 것들이 거의 100퍼센트 확률로 당첨되기도 했다. 실제로 내가 운영 중인 카페 '새벽피플즈'에는 "일 방

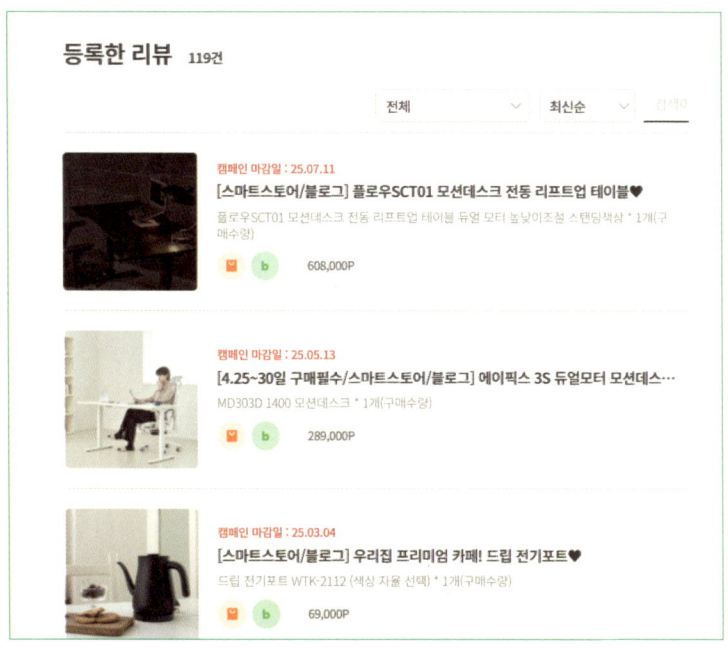

'리뷰플레이스'에서 내가 작성한 체험단 리뷰는 119건에 이르렀다.

문자 수 100명을 달성한 뒤 체험단에 신청했는데 당첨됐어요"라고 인증하는 분들도 정말 많았다.

아이러니한 건, 그때는 앞서 수익화 테크트리 1단계 및 2단계에서 얘기했던 주제나 정보성 키워드의 개념조차 없는 시절이었다는 점이다. 그럼에도 나는 그저 체험단 활동만 꾸준히 하는 것으로 일 방문자 수를 2000명 수준까지 올릴 수 있었으니 어찌 보면 운이 좋았다고도, 어찌 보면 묵묵했던 노력이 빛을 봤다고도 할 수 있겠다.

그렇게 2000명을 돌파하고 나니 또 다른 변화가 찾아왔다. 꽤 고가인 제품의 체험단에도 가끔씩 당첨되기 시작했고, 몇 만 원 수준의 저가 상품인 경우에는 당첨될 확률이 높아져 이제는 체험단도 가려서 신청하게 되었다. 5만~10만 원의 현금을 지급하는 체험단에 당첨되는가 하면, 매우 가끔이긴 했지만 제품과 더불어 10만 원의 원고료를 줄 테니 리뷰를 써달라는 광고 협찬 제안도 들어왔다. 덕분에 간혹 어떤 달에는 월 100만 원 정도의 현금흐름을 만들기도 했다. 내가 처음으로 작성한 리뷰(우리 회사의 무선 청소기)가 2020년 1월의 글이었는데, 그 이후 불과 1년여 동안 나는 누적 건수 수백 개에 가까운 체험단 활동을 할 수 있었다.

그리고 그즈음이 되었을 때, 하루는 문득 이런 생각들이 들었다.

'하… 이제 체험단 말고 진짜 현금을 받을 순 없을까?'

'10만 원 이상의 원고료 건을 계속 제안받을 수 있다면 얼마나 좋을까? 그렇게 되려면 난 뭘 해야 할까?'

말하자면 1년간 정신없이 체험단 활동만 하다 보니 '현타가 온' 셈이었다. 그러니 이제는 그다음 단계로 넘어갈 방법을 진지하게 고민해봐야 했다.

4단계

일 방문자 수 2000명과 홈페이지형 블로그

일 방문자 수가 300명 수준이었다가 2000명 수준으로 올라가던 그 기간, 나는 다른 포스팅 하나 없이 오로지 체험단 포스팅만 닥치는 대로 진행했다. 일 방문자 수 2000명 이상부터는 체험단 당첨 확률이 확실히 올라간 덕분에 우리 집 현관 앞에는 각 업체에서 보낸 제품 박스들이 날마다 쌓여 있었다. 나는 나대로 정해진 기간 안에 포스팅을 하기 위해 회사에서 틈이 날 때마다, 또 퇴근하고 집에 돌아와서도 관련 작업을 하기 바빴다. 하루에 네 건의 체험단 포스팅을 진행하는 날도 부지기수라 내 자유시간이란 것은 아예 없다시피 했다.

그럼에도 딱히 힘들거나 괴롭지는 않았다. 제대로 된 커리어 하나 없이 회사에서 박봉을 받으며 외벌이로 일하느라 자존감이 바닥으로 떨어져 있던 내게 그러한 블로그 운영은 '나한테도 남들보다 조금은 잘하는 게 있네?' 하는 마음의 위안이 되었다. 또 체험단 활동으로 받은 제품들이 넘쳐나다 보니 가족이나 지인들에게 선물도 할 수 있었고, 그런 생활이 지속되면서 자존감도 나름 회복할 수 있었다. 말하자면 당시에는 그러한 생활에 충분히 만족했던 것이다.

하지만 그것이 1년 가까이 이어지다 보니 조금씩 현타가 오기 시작했다. 온갖 제품이 쌓여가는 베란다를 보며 아내는 "집 안 꼴이 이게 뭐야. 필요 없는 건 받지 말든가 갖다 버려야 하지 않겠어?"라는 잔소리를 하기 시작했다. 게다가 포스팅 마감기일이 한데 몰리면 아무리 육아와 집안일을 병행하려 애써도 소홀해질 수밖에 없었다.

체험단에 당첨된 것만으로도 기뻤던 이전과 달리, 체험단 활동으로 받는 보상이 내가 투입하는 노동보다 적다고 느끼기 시작한 것도 그 때문이었을 것이다. 가끔 제품과 더불어 현금까지 준다는 광고 건이 들어오면 통장에 꽂히는 그 현금에 그렇게 좋고 기쁠 수가 없었다. 하지만 그런 제안은 가뭄에 콩 나듯 어쩌다 한 번 들어오는 정도였다.

'제품이 아니라 현금으로 보상받으면 얼마나 좋을까? 도대체 어떻게 해야 그런 건들을 꾸준히 잡을 수 있을까?'

너무나 궁금했던 나는 시선을 다른 데로 돌리기 시작했다 체험단 사이트가 아닌, 원고료를 받고 포스팅하는 상위 블로거들의 블로그를 살펴보기로 한 것이다. 그러자 그 블로거들의 웬만한 리뷰 포스팅 맨 하단에는 항상 공통적으로 다음과 같은 문구가 있음을 발견했다.

"업체로부터 제품과 '원고료'를 지급받아 작성한 솔직한 후기입니다."

즉, 제품과 함께 '현금'을 받은 광고성 콘텐츠임을 표시광고법에 따라 밝히고 있었던 것이다. 이를 보자 여러 궁금증들이 꼬리에 꼬리를 물며 내 머릿속은 더 복잡해지기 시작했다.

'이 사람들은 블로그를 어떻게 운영하고 있어서 이런 활동을 할 수 있는 걸까?'

'이들은 주로 어떤 글을 쓰고 있지?'

'나는 이들에 비해 어떤 점이 현재 부족한 걸까?'

'나도 이들처럼 할 수 있을까?'

한 가지 위안이 되는 것이 있기는 했다. 블로그에 올리는 글과 사진의 퀄리티로 보면 나는 그들에 비해 전혀 밀리지 않는다는 점이었다. 아니, 오히려 그런 면에서 나보다 부족해 보이는 블로거들조차도 원고료를 받는 리뷰 건을 많이 진행하고 있었다.

* 본 포스팅은,
업체로부터 **소정의 원고료를 지원받아**
주관적으로 작성된 후기입니다.

이 문구는 내게 여러 궁금증을 마구 일으켜주었다.

하지만 분명한 차이점도 존재했다. 그들은 나처럼 이것저것 아무거나 올리는 '잡블로거'가 아니라, 한 가지 주제를 정하고 그 주제로만 글을 쓰고 있다는 게 그것이었다. 더불어 그들 대부분은 일 방문자 수가 1만 명에 근접하는 블로그를 운영 중이었다.

'현재 수준에 만족하고 여기서 멈추는 게 나을까? 아니면 나도 저들처럼 블로그 수익화에 성공하기 위해 피나는 노력을 해봐야 할까?'

두 갈래 길이 있었고, 나는 당연히 후자를 선택했다. 내게 있어 이 선택은 앞서 이야기한 '수익화 1단계'로 돌아가는 계기가 되었다. 그리고 이 책을 쓰는 것 역시, 독자 여러분만큼은 내가 그때 했던 것과 같은 시행착오를 겪지 않길 바라는 마음이 있기 때문이다.

2020년 12월, 드디어 내 블로그의 주제를 고민하기 시작했다. 마침 그 시점은 네이버에 '네이버 인플루언서' 제도가 생긴 지 반년쯤 되는 때였다. 그때까지 내 블로그에는 육아 관련 리뷰도 많았기에 육아 인플루언서에 지원해보기로 했다.

결과는? 당연히 1차에서 낙방. 인플루언서가 되기 전까지 수십 번 떨어진 경험이 있다고 이야기한 누군가의 글을 봤기에 쉽지 않겠다고 예상하긴 했다. 그럼에도 곧바로 두 번째 도전에 나섰고, 또다시 낙방했다.

아무런 전략이나 문제 해결 없이 그저 무턱대고 이런 식으로 도전만 해서는 승산이 없겠다는 판단이 들었다. 그때부터 나는 인플루언서가 된 블로거들과 내 블로그를 하나하나 비교하기 시작했다. 그들의 블로그는 PC 화면에서 봤을 때 메인 스킨이 블로그 주제와 일치하고, 카테고리도 잘 정리되어 제시된다는 공통점이 있었다. 이 점에 맞춰 내 블로그도 개선해보기 위해 나는 블로그 스킨을 정비하고 카테고리를 정리해나갔다.

　그러면서 내 블로그를 유심히 들여다보다가 한 가지 몰랐던 점을 발견했다. 육아 관련 리뷰보다 회사에서 작성했던 전자제품 리뷰의 조회 수가 훨씬 높았던 것이다. 아무래도 내가 속한 회사에서 새롭게 론칭하는 신제품들을 그 어느 블로거보다 빨리 접하고 앞서서 리뷰할 수 있었기에 독창성 있는 콘텐츠로 인정받은 듯했다.

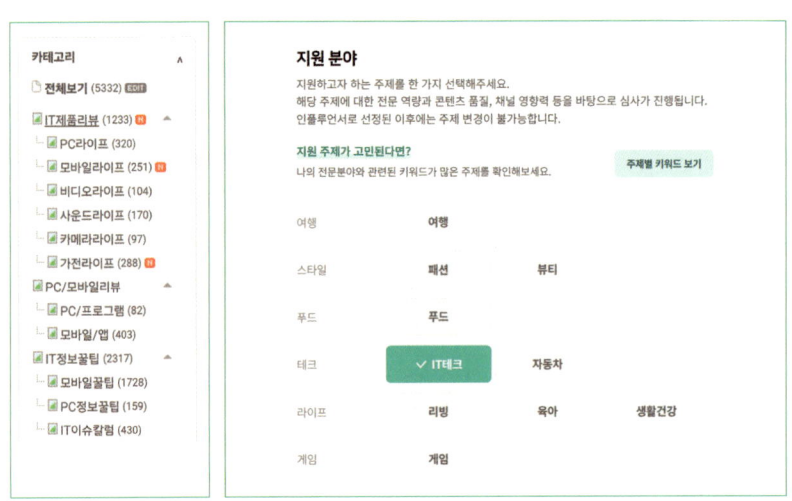

블로그의 카테고리를 세분화하여 정비한 뒤(좌) IT/테크 분야의 네이버 인플루언서에 재도전했다(우).

나는 나조차도 미처 알지 못했던 이 점을 십분 활용해야 할 필요성을 강하게 느꼈다. 그래서 블로그 주제를 육아에서 IT/테크로 전환하고, 블로그 스킨도 전문가처럼 홈페이지형으로 세팅했다. 또한 카테고리도 PC, 모바일, 비디오, 사운드, 가전 등으로 세분화하며 블로그를 정비한 뒤 인플루언서에 다시 도전했다.

다행히 그 전략이 통했던 건지 세 번째 도전 만에 IT/테크 분야의 인플루언서에 선정될 수 있었다. 사실 이는 네이버 인플루언서 제도가 생긴 지 1년도 안 되었던 때라 가능했던 것 같다. 지금은 경쟁이 너무 치열해 인플루언서에 선정되는 것은 거의 운의 영역에 가깝다고 생각한다.

가끔 "블로그 수익화를 하려면 반드시 인플루언서가 되어야 하나요?"라고 묻는 분들이 있다. 이 질문에 나는 이렇게 답하고 싶다.

"아닙니다. 인플루언서가 되지 않아도 블로그 수익화는 충분히 가능해요."

인플루언서가 아님에도 월급 이상의 수익화를 달성한 블로거들은 실제로 많다. 물론 인플루언서가 되면 네이버로부터 다양한 혜택을 받기 때문에 수익 면에서 보자면 분명히 유리한 점이 있다. 그러나 오로지 '인플루언서 되기'만을 목표로 삼고 블로그를 운영한다면 월 30만~40만 원의 생활비를 절약하기는커녕 도중에 지쳐 나가떨어질 가능성이 훨씬 높다. 그럼에도 '나는 절대 포기 안 해. 무조건 인플루언서가 되고 말 거야'라고 생각하는 분들에게는 뒤의 파트 2에 나오는 다양한 노하우들이 크게 도움 될 것이다.

그럼 '홈페이지형으로 블로그 세팅하기'의 장점과 필요성은 무엇일까? 블로그 수익화에 있어 홈페이지형 블로그는 정말 중요한 요소인데, 그럼에도 많은 분들은 이를 간과하곤 한다.

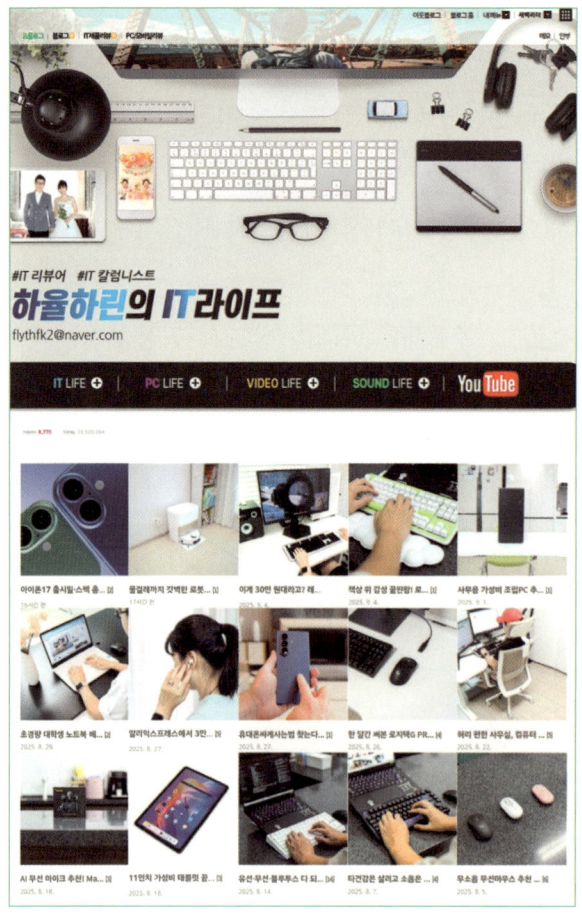

홈페이지형 블로그로 꾸민 내 네이버 블로그의 PC용 화면.

나는 지금까지 수백 개의 체험단 활동을 했고 다양한 광고 제안도 받아봤다. 그 과정에서 깨달은 것이 하나 있으니, 대부분의 광고주나 대행사 마케팅 담당자는 블로그의 첫인상, 즉 '대문'을 굉장히 중요하게 여긴다는 게 그것이었다.

내가 운영할 블로그의 주제를 정해 '나만의 블로그'를 만들었다면 그다음으로 해야 할 일은 '제대로 된 대문 꾸미기'다. 이때의 블로그를 잡지라고, 그리고 대문을 잡지의 표지라고 가정하고 한번 생각해보자. 당신이 광고주라면, 표지가 볼품없고 허접한 잡지를 믿고서 과연 당신의 광고를 실어달라고 할 수 있을까?

블로그도 마찬가지다. 전문적인 주제에 맞게 블로그를 구성했다면 그것에 어울리는 홈페이지형 스킨, 정돈된 카테고리, 대표 이미지를 갖춰야 한다. 광고주나 마케터가 내 블로그에 방문했을 때 '이 사람한테 우리 광고를 맡기면 되겠구나' 하는 신뢰감을 주기 위해서 말이다. 그렇지 못한 블로그는 '이 블로그는 도대체 뭐 하는 블로그지?', '이건 그냥 일기처럼 아무 글이나 올리는 잡블로그구나' 하는 인상을 주기 쉽고, 따라서 어떤 광고주도 쉽게 자신의 광고를 실어달라고 제안하지 못할 것이다.

==블로그 수익화는 결국 '콘텐츠'와 '신뢰', 이 두 가지 축 모두가 있어야 가능한 게임이다.== 홈페이지형 블로그로 전환하는 것은 그런 면에서 다음과 같은 장점을 갖는다.

- PC 버전 기준으로 봤을 때 훨씬 전문적인 블로그로 보인다.
- 고가 제품의 체험단, 광고 협찬, 제휴 제안을 받기가 훨씬 유리하다.
- 네이버 인플루언서에 선정될 확률도 높아진다.

물론 요즘 사람들은 대개 PC보다는 모바일로 검색을 많이 한다. 그러나 우리에게 보다 중요한 사실은, 광고주들은 여전히 PC 화면으로 블로그를 검토하고 운영자의 전문성 및 블로그 구성 등을 꼼꼼히 살핀다는 것이다. '지금 블로그를 하고 있다면 무조건 홈페이지형 블로그로 세팅해두라'고 내가 항상 추천하는 이유가 이것이다. 실제로 현재 내가 운영 중인 카페의 회원들 중에도, '홈페이지형 블로그로 바꾸고 나니 고가 체험단에 연속 당첨되었다' 또는 '업체 측

내가 운영 중인 카페의 회원들이 실제로 바꾼 홈페이지형 블로그들의 예.
(출처: https://blog.naver.com/nabi606, https://blog.naver.com/ehs311)

내 유튜브 채널에 올린 '홈페이지형 블로그 제작법' 관련 영상들.

에서 먼저 연락을 해오는 경우가 많아졌다'고 인증한 분들이 많다.

54페이지에 있는 두 이미지는 실제 수강생들이 홈페이지형으로 세팅한 블로그의 예들이다. 이분들도 처음에는 블로그 스킨에 아무런 신경을 안 썼으나, '블로그의 대문이 수익화에 얼마나 큰 영향을 미치는지'를 알게 되어 직접 바꾼 뒤 그 효과를 제대로 체감할 수 있었다.

이렇듯 홈페이지형 블로그는 수익화 체급이 올라갈수록 그 진가가 더욱 드러나는 세팅이다. 앞으로 광고 협찬이나 제휴 제안이 들어오길 바란다면, 이제라도 여러분 블로그의 첫인상부터 다시 점검해보자. 내 유튜브 채널에도 '홈페이지형 블로그 만들기' 영상을 정리해 올려두었으니(https://youtu.be/0XIOFV8Drv8?si=UuH4z0LzHeDuDJuz) 시간을 내어 꼭 한번 시청하고 여러분의 블로그에 적용해보는 것을 추천한다.

5단계
박스권 탈출 및 1만 명 목표

　IT/테크 인플루언서로 선정된 이후 나는 마지막 목표를 재설정했다. 일 방문자 수를 2000명이 아닌 1만 명 이상으로 상향한 것이다.

　'1만 명'은 이제 막 시작한 블로거들이라면 도저히 감도 안 잡힐 정도로 굉장히 높은 수치임에 분명하다. 나 역시 '2000명 수준인 일 방문자 수를 과연 1만 명으로 높일 수 있을까?', '운이 좋아 1만 명을 달성한다 해도 과연 현금을 주겠다는 협찬 건이 들어올까?' 하는 의심이 하루에도 열 번씩 들었으니까. 하지만 포기할 수는 없었다. 이제부터는 과거와 다른 방식으로 블로그를 운영해야 한다는 것을 직감적으로 알았기 때문이다.

일 방문자 수 1만 명을 훌쩍 넘는 상위 블로거들이 작성해 올리는 글의 대부분은 광고나 협찬 건 위주로 진행된다. 그러나 그들 블로그의 카테고리들을 자세히 살펴보다 나는 한 가지 중요한 점을 깨달았다. 협찬 건보다 더 많은 글, 즉 바로 해당 블로그의 주제와 연관된 정보성 글이 최소 수백 개에서 수천 개는 쌓여 있다는 것이었다.

그간 내 블로그는 어떠했는지 잠시 돌아봤다. 다양한 체험단 활동을 하며 1년 정도를 보냈지만 그동안 나는 정보성 글을 거의 작성하지 않았다. 그런 글을 쓰면 분명 방문자 수를 늘릴 수 있을 거라고 막연히 짐작하긴 했다. 그러나 정보성 글을 작성할 시간에 차라리 조금이라도 생활비에 보탬이 될 만한 체험단을 하나라도 더 신청해야겠다는 생각이 컸다.

그런 생각을 이제는 바꿔야 했다. 우선은 이왕 일 방문자 수 1만 명을 목표로 잡았으니 그동안 하루 루틴처럼 해왔던 체험단 신청 및 활동은 중단하기로 결정했다. 다만 향후 운영할 IT/테크 주제와 관련된 체험단 활동은 방문자 유입에 좋은 영향을 줄 것 같아 전자제품 체험단 위주로만 신청하기로 했다.

더불어 매일 내 블로그에 최소 세 개에서 다섯 개 정도의 정보성 글을 꾸준히 올리기로 과감히 마음먹었다. 직장 생활과 육아를 병행하면서 매일같이 그렇게 하기란 결코 쉽지 않을 것임을 알면서도 말이다.

체험단 활동량을 줄이니 포스팅 시간은 확보할 수 있었지만 그럼에도 시간이 부족한 건 여전했다. 퇴근해서 저녁 밥 먹고, 씻고, 아이들과 놀아준 뒤 글 쓸 시간을 내는 것 자체가 사실 쉬운 일이 아니었기 때문이다. 게다가 막상 앉아 글을 써보려 할 때면 이미 진이 빠져 집중이 잘 안 되는 데다 졸음까지 몰려오기 일쑤였다. 체험단 활동을 할 때에는 리뷰를 올려야 하는 마감일자가 있기 마련이라 아내에게 양해를 구하고 억지로라도 글을 써낼 수 있었다. 그러나 하루 일과를 다 끝낸 뒤 매일 세 편에서 다섯 편의 정보성 글을 작성하는 것은 온전히 나 자신과의 싸움이었다.

그래서 나는 새로운 방법을 강구해냈다. 아이들이 잠자리에 드는 시간에 나도 함께 잠들었다가 아예 새벽에 일어나는 방법이었다. 원래도 아침잠이 적은 편이라 평일에든 주말에든 일찍 일어났지만, 평소보다 이른 새벽 5시쯤 일어나 출근 전까지 한 시간 동안 글을 써보면 어떨까 싶었다.

그렇게 기상 시간을 5시로 앞당기니 몸은 피곤했지만 포스팅할 수 있는 시간을 조금이나마 더 확보할 수 있었다. 하지만 한 시간은 내 목표를 달성하기에 부족했고, 따라서 목표한 만큼의 글을 올리는 일도 여전히 어려웠다.

이럴 때 필요한 것은 마인드셋이다. 자꾸만 약해지려는 마음을 다잡기 위해 나는 《미라클 모닝》, 《하버드 새벽 4시 반》 같은 베스트셀러 책들을 읽었다. 사실 새벽에 혼자 일어나 글을 올릴 때에는 몸도 피곤하고 '이렇게 한다고 해서 과연 잘될 수 있을까?' 하는 의심과 외로움을 많이 느꼈다. 그러나 독서 덕분이었을까. 여러 책을 읽은 이후에는 '엄청나게 훌륭하고 뛰어난 사람들도 성공으로 가는 과정에서는 이토록 부지런히, 또 열심히 살았구나'라는 동질감이 들면서 나를 힘들게 만드는 감정들을 많이 덜어내기에 이르렀다.

그러고 나서 얼마 뒤, 나는 내가 최대로 가용할 수 있는 시간을 내기 위해 그 이전보다 한 시간을 더 앞서 일어나기로 결심했다. 그 결과 드디어 새벽 4시에 알람을 맞추고 그 시간에 기상하기 시작했다. 처음엔 몸도 무겁고 너무나 피곤했지만 며칠 적응하다 보니 점차 '생각보다 괜찮네?' 하는 생각이 들었다. 블로그에 글을 올리기 위해 침대에서 억지로 몸을 일으키는 것이 아닌, 그냥 과거보다 좀 빨라진 시차에 적응한 듯했다는 게 맞는 표현일 것이다.

이 방법의 최대 장점은 저녁 시간을 활용했을 때보다 글 쓰는 데 필요한 집중력을 훨씬 높여준다는 것이었다. 나를 방해하는 카톡 메시지나 연락은 물론 아내의 잔소리, 아이들이 놀아달라며 떼쓰는 일도 없었기 때문이다.

그때부터 자리 잡은 나의 루틴은 이러하다. 새벽 4시에 기상 후 잠을 깨기 위해 10분 정도 그 자리에 앉아 그날 내가 해야 할 일을 머릿속에 떠올리며 명상을 한다. 가만히 앉아 명상을 하다 보면 졸린 느낌은 사라지고 머리가 맑아지는 느낌이 찾아온다. 그러면 곧바로 화장실로 가서 씻고 출근 복장으로 갈아입은 뒤 집 앞 스터디카페로 향한다. 처음에는 우리 집의 내 책상에 앉아 글을 썼지만, 내가 부스럭대거나 키보드를 두드리는 소리 등으로 식구들의 꿀잠을 방해하는 것 같아 장소를 변경한 것이다.

스터디카페에 도착하면 그곳에서 제공하는 아메리카노를 한 잔 내려 받고, 아무도 없는 공간에 자리를 잡은 뒤 키워드를 찾아 정보성 글을 쓰기 시작한다. 출근해야 하는 시각은 9시이고 회사까지 가는 데는 한 시간 정도가 걸리니, 이렇게 새벽 시간을 활용하면 출근을 위해 스터디카페를 나서는 8시경까지 서너 시간 정도를 글 쓰는 데 투자할 수 있었다.

이렇게 꾸준히 생활하다 보니 예상치 못했던 강점도 생겼다. 바로 정보성 글 하나를 작성하는 시간이 대폭 줄었다는 것이었다. 처음 글을 쓸 때에는 한 시간 가까이 걸리는 경우가 수도 없이 많았다. 그런데 어느 시점부터 그 시간이 점차 줄어들더니 나중에는 글 하나를 빠르면 30분도 채 안 되는 시간에 작성해 올리는 경지(?)에 다다랐다(거기에 더해 챗GPT라는 강력한 AI 무기가 생긴 덕에 글 쓰는 시간을 압도적으로 단축할 수 있는데, AI 활용법은 뒤에서 별도로 다루겠다).

그렇게 새벽의 서너 시간 동안 나는 세 편에서 다섯 편 정도의 글을 작성했고 오전 7시와 10시, 오후 1시에 각각 발행되도록 예약해 두었다. 이후 내 블로그에는 과연 어떠한 변화가 일어났을까?

앞서 말했듯 2020년 1월 무선 청소기 리뷰를 작성했을 즈음 내 블로그의 일 방문자 수는 300명 수준이었고, 이후 반년 이상 동안 1500~2500명의 '박스권'에 갇혀 있었다. 그런데 정보성 글을 쓰기 시작한 지 23일 만에 일 방문자 수는 1만 명을 넘어섰고, 둘째 달에는 무려 2만 명을 달성하는 기염을 토하기에 이르렀다.

새벽 기상과 정보성 글쓰기를 매일 이어간 끝에 나는 깨달았다.

"부지런한 습관은 결국 성과로 증명된다." 5단계의 목표인 블로그 방문자 1만 명은 결코 특별한 사람의 전유물이 아니었고, 포기하지 않고 밀어붙인 사람의 결과였다.

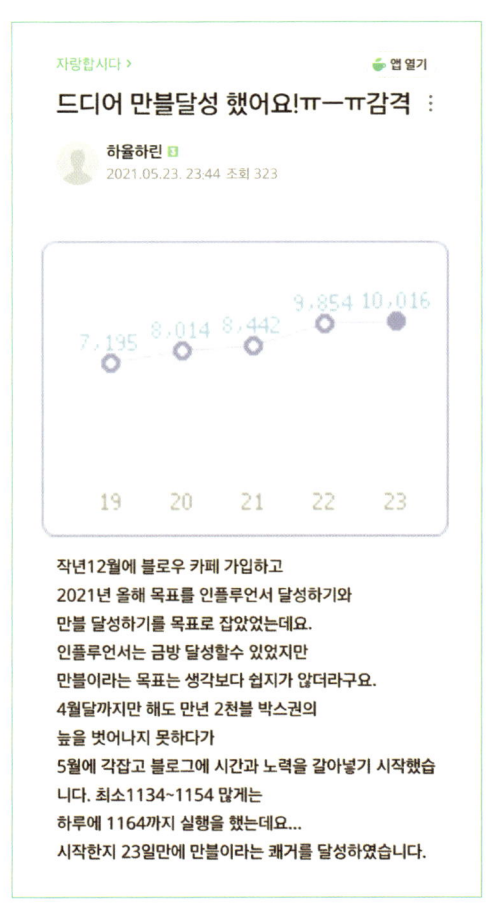

일 방문자 수 1만 명을 달성한 직후 한 블로그 커뮤니티에 남긴 감격의 글.

6단계

1만 명 이후,
원고료 수익 폭발시키기

　매일 세 편에서 다섯 편의 정보성 글을 본격적으로 작성하기 시작한 지 23일째였던 2021년 5월 1일, 그날은 '일 방문자 수 1만 명'이라는 내 목표가 달성된 날이기도 했다. 그 어떤 체험단 활동도 모두 중단한 뒤 정보성 글로만 이뤄낸 쾌거였다.

　상당히 짧은 기간 안에 내가 설정한 목표를 성취해내긴 했지만 사실 실제 내 수익에는 큰 변화가 없었다. 아니, 전자기기를 제외한 모든 체험단 활동을 끊은 탓에 오히려 그달의 수익은 이전보다 못한 수준이 되었다. 하루에 약 2000~3000원 수준이었던 애드포스트 금액이 약 1만 원 정도로 오른 것 정도가 그나마 위안이 되어주었다.

　현실이 그렇다 보니 내 마음에서는 다시금 '그간의 노력이 헛된

거였나?' 하는 의심이 모락모락 피어올랐다. '일 방문자 수 1만 명'은 궁극적으로 업체로부터 광고와 협찬을 많이 받아 월급 이상의 수익화를 달성하고 싶다는 막연한 생각에서 비롯된 목표였다. 그런데 그것을 달성했음에도 현실에서의 큰 변화가 없으니 머릿속이 복잡해진 것이다.

'광고와 협찬을 받으려면 내가 직접 뛰어다니며 업체에 명함을 돌리고 영업을 해야 하는 건가?'라는 생각도 들었다. 실제로 그렇게 영업하는 블로거들이 있다는 얘기는 익히 들어 알고 있었으나, 직장을 다니며 그런 활동까지 하기란 현실적으로 결코 쉽지 않은 일일 듯해 곧바로 마음을 접었다.

그런데 내 머릿속을 채웠던 부정적 생각들은 오래가지 않았다. 그저 애드포스트가 약간 상승했고 일 방문자 수가 이전보다 확연히 늘어났다는 것, 그런 점들에만 만족하며 매일 세 편에서 다섯 편의 글을 올린 지 두 달째 접어들자 급격한 변화가 일어났기 때문이다.

앞서 말했다시피 나는 내 블로그 주제와 일치하는 IT/테크 분야에서만큼은 전자제품 체험단 활동을 지속했다. 당첨이 되든 안 되든 매일같이 루틴처럼 신청하고 있었는데, 그 두 달째 무렵부터는 제품가가 상당한 고가 상품들의 체험단에 턱턱 선정되기 시작했다. 100만 원이 넘는 삼성 노트북이나 캐논의 미러리스 카메라는 물론 예전에는 번번이 떨어졌던 전자제품 체험단에까지 연이어 선정될 정도로 당첨 확률이 확연히 높아진 것이다.

이는 블로그의 일 방문자 수가 많아진 덕이라는 걸 확실히 체감

할 수 있었다. 참여를 신청하는 체험단마다 계속해서 당첨되다 보니 나중에는 체험단 사이트를 돌아다니는 것이 마치 쇼핑을 하는 것 같다는 느낌까지 들기도 했다.

변화는 그뿐만이 아니었다. 제품과 더불어 현금, 즉 원고료를 지급하겠다는 광고 협찬 제안들이 점점 메일함을 채우기 시작한 것이다. 이 시점부터 나는 다음 스텝, 즉 수익화 6단계에 돌입하는 전략을 세웠다. 내가 받을 수 있는 최대 수준의 원고료를 받으며 블로그

일 방문자 수 1만 명을 달성한 직후, 노트북이나 카메라 등
100만 원 이상의 고가 상품 체험단에 턱턱 당첨되기 시작했다.

에서 광고 협찬이나 리뷰 건을 진행하기로 한 것이다. 일 방문자가 1만 명 이하일 때는 금액에 상관없이 원고료 제안만 받더라도 감지덕지라 여기고 원고료를 더 높일 생각을 하지 못했지만, 1만 명 이후에는 내 가치를 좀 더 높이면 한 달에 벌어들일 원고료 수익 역시 늘릴 수 있을 것 같았다. 원고료로 제안받는 금액은 블로그의 주제 및 그 블로거의 지수, 그리고 그가 올리는 리뷰의 퀄리티(사진, 글)에 따라 제각각이다. 내 경우 일 방문자 수 1만 명을 달성한 이후에는 최소 10만 원부터 시작했고 이후 금액을 점차 높여나갔는데, 많이 받을 때는 글 한 편당 50만 원을 받기도 했다.

이러한 원고료 제안 건들은 일 방문자 수 1만 명에 이어 2만 명을 달성하고 난 후 두 달째부터 수도 없이 밀려들기 시작했다. 나는 행복한 비명을 질렀고, 내게 들어온 모든 제안들을 소화하며 블로그에 부지런히 글을 올렸다. 그리고 매일 세 편에서 다섯 편의 글을 올리는 루틴으로 생활한 지 정확히 석 달째에는 870만 원, 넉 달째에는 꿈에 그리던 월 1000만 원의 경제적 수익을 이뤄낼 수 있었다. 물론 그 이후로 약간의 등락은 있었지만 수익은 꾸준히 우상향하는 흐름을 이어갔다.

그런데 이러한 수익화 6단계를 성공적으로 진행하기 위해 독자들이 알아두어야 할 두 가지 사항이 있다. 우선 '제품 협찬과 더불어 광고 혹은 리뷰 글에 대한 원고료 지급을 약속하는 제안들'에 관해 이야기해보자.

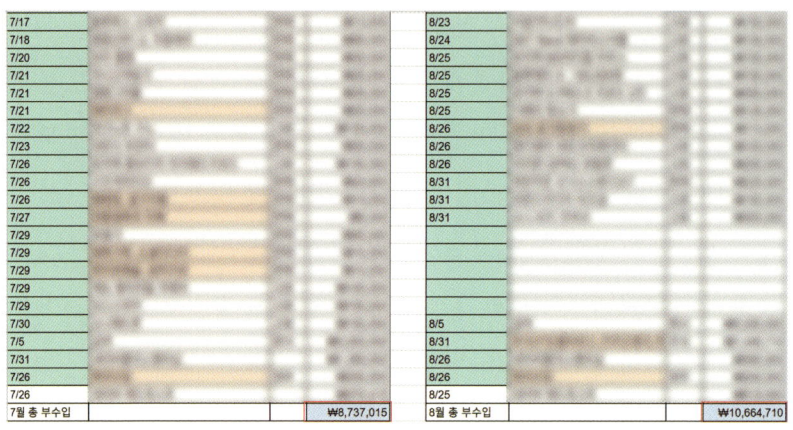

2021년 8월, 드디어 1000만 원 이상의 수익을 기록했다.

    이런 제안들은 대개 쪽지나 댓글이 아닌 개인 메일로 들어온다. 또한 제안되는 금액의 수준은 적게는 10만 원, 많게는 50만 원에 이른다(드물긴 하지만 그 이상인 경우도 분명 존재한다). 이러한 제안을 수락하면 그다음에는 기존 체험단 활동과 마찬가지로 해당 업체에서 보내주는 가이드를 보고 리뷰를 진행하면 된다.

    다만 체험단 활동과의 차이점도 있다. 체험단 활동은 업체로부터 제품이나 서비스만 받고 진행하지만, 이런 제안들의 경우 업체 측이 먼저 광고/비용을 제시하고 내가 그것을 수락하면 원고료, 즉 현금이 내 통장으로 지급된다는 것이다. 다시 말하자면 '내가 얼마만큼 하는가가 곧 내 수익으로 직결된다'는 뜻이기도 하다.

    가장 정석적인 광고 협찬 제안은 제품 판매업체 혹은 마케팅 대행사에서 1차적으로 "우리에게 이러이러한 제품이나 서비스가 있는데 당신의 블로그에서 홍보해줄 수 있나요?"라는 내용의 메일을 보내면서 이뤄진다. 대개의 제안에는 소정의 원고료 액수가 명시되있는데, 간혹 '원하는 금액을 맞춰주겠다'고 이야기하는 경우도 있다. 제안받은 제품이나 서비스가 자기 블로그의 방향성과 일치하고 금액 또한 만족스럽다면 수락하는 답장을 보내면 되고, 만약 금액이 다소 적다 싶으면 액수를 높여 역제안을 해도 된다.

이런 식으로 상호 합의에 도달하면 업체 측은 그 블로거가 알려주는 주소지로 해당 제품을 배송해주거나, 실물이 없는 서비스 관련 건의 경우에는 가이드라인을 메일 또는 메시지 등으로 곧장 제공한다. 블로거는 이렇게 제공받은 제품/서비스를 자신이 직접 체험해보고 리뷰를 작성한 뒤 그에 대한 대가로 원고료(정확히 말하자면 제안된 원고료에서 3.3퍼센트의 세금을 제한 액수)를 계좌로 지급받는다. 원고료 지급을 위해 업체 측에서 블로거의 신분증과 통장(반드시 본인의 것이어야 할 필요는 없고, 개인사업자의 것이어도 무방하다) 사본을 요구하는 경우가 많은데, 조금 찝찝하더라도 이 정보들을 알려줘야 원고료를 지급받을 수 있다.

원고료 지급 시기는 업체마다 천차만별이다. 선입금이 이뤄지는 경우는 거의 없고 대개는 글을 업로드한 이후 빠르면 하루, 늦으면 세 달 만에 지급되기도 한다. 간혹 '업체가 잠적해 원고료를 못 받은 블로거가 있다'는 이야기들도 들려오곤 하는데, 내 경우에는 그간 꽤 운이 좋았던 것 같다. 돈을 받기까지 우여곡절을 거친 건은 있었을지언정, 광고 협찬 건을 진행해온 약 5년간 원고료를 떼인 적은 단 한 번도 없었으니 말이다.

그렇다고 업체가 돈을 보내주기만을 마냥 손놓고 기다려선 안 된다. 자신이 진행한 건의 업체명, 진행 내용, 글을 업로드한 날짜, 입금 예정일, 예금주명 등을 반드시 엑셀 혹은 다이어리나 스케줄러에 꼼꼼하게 기입해두어야 한다는 뜻이다. 특히 블로그의 일 방문자 수가 1만 명 이상에 이르면 매달 진행하는 건들만 해도 수십 개에 달하니, 각각의 건과 관련된 사항들을 하나도 빠짐없이 기입하고 관리하는 습관을 들여야 한다.

혹 입금 예정일이 지났음에도 원고료가 지급되지 않는다면 무슨 연유로 늦어지는지 문의하는 메일도 업체 측에 보내야 한다. 담당자가 퇴사했다거나 경리 직원의 실수로 입금 업무가 누락되었다는 등, 연유를 물어보면 업체들은 저마다의 사정을 이야기하며 양해를 구할 것이다. 중요한 것은 그러한 사정들을 이해할 것인가의 여부가 아니라, 귀찮거나 번거롭더라도 입금 관련 사항들을 자신이 항상 체크해야 한다는 사실임을 기억해두자.

이와 더불어 '좋은 퀄리티의 글로 충분한 포트폴리오 만들기'에 대해서도 신경을 써야 한다. 이는 광고 협찬 및 원고료 제안 건이 일반 체험단 활동과 다른 또 하나의 차이점이기도 하다.

그동안 수많은 분들을 컨설팅해주다 보니, 일 방문자 수 1만 명을 빠르게 달성했음에도 수익화 면에선 만족스러운 결과를 얻지 못한 원고료의 경우 많게는 50만 원까지 제안받기도 한다.

분들이 있었다. 수익화에 성공하는 분들과 실패하는 분들의 결정적 차이는 바로 블로그에 올린 리뷰의 퀄리티가 충분히 좋은가, 그리고 그러한 리뷰로 구성된 포트폴리오가 충분한 정도 이상으로 쌓였는가의 여부에 있었다.

내 경우를 예로 들어 이야기해보자. 수익화 3단계에 있었던 약 1년여 동안 나는 체험단 활동을 족히 500건 이상 진행했다. 그 과정에서 내가 특히 공들인 부분은 리뷰 대상 제품의 가격과 상관없이 깔끔하고 보기 좋은 사진, 그리고 진심과 성의를 가득 담은 글로 리뷰를 만드는 것이었다. 광고주와 검색자들을 만족시키기 위해 최선을 다했던 것이다.

체험단 리뷰는 자신의 포트폴리오를 쌓는다는 생각으로 정성스럽게 작성해야 한다.

그렇게 작성한 리뷰들이 내 블로그에 포트폴리오로 차곡차곡 쌓이자 광고를 주는 업체나 마케팅 대행사에서 원고료 지급 기준으로 삼는 '일 방문자 1만 명 이상'이라는 조건도 자연스럽게 충족되었다. 다양한 광고와 협업 제안이 들어온 것도 그에 따른 당연한 결과였고, 그로써 월급을 넘어서는 달콤한 열매를 맺을 수 있었다.

물론 이러한 과정에서 '최적화 블로거'까지 된다거나 '인플루언서'라는 타이틀을 얻는 사람이라면 좀 더 많은 제안, 좀 더 높은 광고비를 받을 수 있는 것이 사실이다. 하지만 나에게서 컨설팅을 받은 분들 중에는 그 정도에까지 이르지 않아도 웬만한 직장인 월급 수준의 수익을 달성한 분들이 많았다. 그러니 여러분도 희망을 잃지 않았으면 한다.

참고로 덧붙일 유의 사항이 있다. 간혹 가다 '우리가 보내는 원고와 사진을 당신의 블로그에 그대로 올려주기만 하면 그 대가로 현금을 지급하겠다'는 식의 제안을 해오는 업체들이 있을 수 있다. 이렇게 잘못된 제안에 응하는 블로거들(이들을 '복붙 기자단'이라 일컫기도 한다)의 블로그는 설사 그전까지 잘 성장해왔다 해도 이러한 실수를 계기로 저품질에 빠져 망가지는 경우가 비일비재하다. 블로그의 퀄리티가 떨어지는 데는 정말 다양한 요인이 있는데, 이에 대해서는 뒤에 나오는 파트 3에서 자세히 다루겠다.

7단계
월급 초과 부업? 아니면 전업?

나는 2021년 1월부터 2025년 9월 현재까지 블로그로 거두는 수익을 구글 스프레드시트에 꼼꼼히 기록하고 있다. 내가 네이버 블로그를 활용해 벌어들이는 수익 파이프라인은 다양하다.

첫 번째 파이프라인은 메인 수익이라 할 수 있는 것으로, 광고와 업체로부터 받는 원고료다. 앞서 말했듯 한 건당 적게는 10만 원에서 많게는 50만 원까지 받고 있으니, 약간의 편차를 감안하고 건당 평균 25만 원 정도라 보면 되겠다. 이를 기준으로 한 달 동안 30건을 진행한다고 가정하면 약 750만 원이라는 계산이 나온다. 과거와 달리 전업 블로거로 활동하고 있는 지금은 매월 서른 건 이상을 소화하기 때문에 750만 원 넘게 버는 달도 많다.

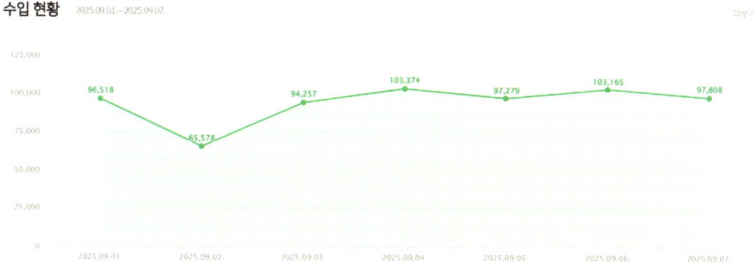

일 방문자 수가 2만~3만 명인 경우의 애드포스트 수익.

　두 번째 파이프라인은 애드포스트 수익이다. 역시 약간의 편차가 있긴 하나, 2025년 9월 현재 내 블로그의 일 방문자 수는 2만~3만 명을 유지 중이고 그에 따르는 애드포스트 수익도 매월 약 200만 ~300만 원에 달한다.

　세 번째 파이프라인은 쿠팡파트너스 같은 업체와 제휴마케팅을 해서 거두는 수익이다. SNS 계정을 갖고 있는 사람이라면 누구나 쿠팡파트너스에 가입할 수 있다. 이어 쿠팡에서 판매하는 상품 페이지 링크를 자신의 SNS에 공유하고, 사람들이 그 링크를 통해 쿠팡에 들어가 해당 상품을 구입하면 판매 수수료를 거둘 수 있는 구조다. 판매 수수료는 대개 3퍼센트인데, 쿠팡 인플루언서로 선정되면 5퍼센트까지 높일 수 있다.

　다만 네이버 블로그의 경우 쿠팡 링크가 직접적으로 명시된 글은 누락되는 경우가 많다는 점에 유의할 필요가 있다. 프로그램을 활용해 판매와 관련된 글을 대량으로 올려 수익을 거두는 어뷰징

정산 월	수익 금액	수익금 한도	최종 수익 금액
2025. 4.	₩1,150,515	₩30,000,00	₩1,150,515
2025. 3.	₩1,173,257	₩30,000,00	₩1,173,257
2025. 2.	₩1,548,913	₩30,000,00	₩1,548,913

나의 쿠팡파트너스 수익.

(abusing) 업체들이 많은 탓에 네이버는 쿠팡 링크가 포함된 글을 누락시킨다고 알려져 있다. 그런데 자신이 직접 구입해 써본 뒤 작성하는 소위 '내돈내산' 리뷰까지도 누락되는 경우가 많아 나도 블로그 글에는 쿠팡의 판매 링크를 직접적으로 달지 않고 있다.

그렇다면 쿠팡파트너스를 포기해야 할까? 그렇지 않다. 쿠팡파트너스에서 비롯되는 부수익을 결코 무시할 수 없기 때문이다. 내 경우만 보더라도 쿠팡파트너스를 통해 월평균 100만 원 정도의 수익을 유지 중이다. 그렇다면 어떻게 해야 자신이 게시한 글이 누락되지 않을 수 있을까? 내가 사용하고 있는 약간의 우회술(?)이 있다. 간단한 방법이니 여러분도 한번 따라 해보자.

이 방법의 핵심은 쿠팡파트너스에서 발급한 고유 링크를 블로그 글에 직접적으로 넣지 않고 네이버 카페의 게시글을 거쳐 해당 링크로 사람들이 접근하게 하는 것이다. 현재 내가 운영 중인 카페 '새벽피플즈'에는 '쿠팡파트너스'라는 게시판이 개설되어 있다. 누구나 쿠팡파트너스 관련 글을 올릴 수 있도록 오픈해둔 게시판이다.

즉, 자신이 리뷰하거나 홍보하려는 제품의 쿠팡 링크를 이 게시판에 올린 뒤, 그 글의 URL을 복사해 블로그에 달면 누락 현상을 100퍼센트 피할 수 있는 것이다. 물론 고객 입장에서는 카페를 한 번 더 경유해야 하기에 약간 번거롭긴 하나, 실제 내가 올렸던 게시글들의 조회 수를 보면 결코 무시할 수준이 아니기에 분명 유의미한 수익화 방법 중 하나라고 확신한다.

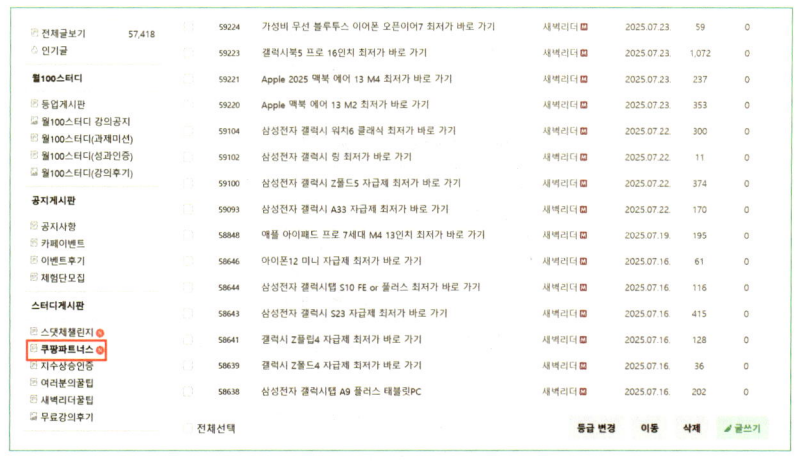

네이버 카페의 글에 쿠팡파트너스 우회 링크를 달면 게시글의 누락을 방지할 수 있다.

Part 1. 초고속 블로그 수익화의 7단계 테크트리

다시 파이프라인 이야기로 돌아가자. 네 번째 파이프라인은 '네이버 쇼핑커넥트(https://brandconnect.naver.com)'로 얻는 수익이다. 2025년 7월 23일에 정식으로 론칭된 네이버 쇼핑커넥트는 네이버에서 만든 자체 제휴마케팅 서비스다. 쿠팡파트너스의 경우와 마찬가지로, 네이버 스마트스토어에 있는 여러 상품을 대신 소개하는 글을 자신의 블로그에 올리면 누군가가 그 글을 보고 해당 상품을 실제로 구매할 경우 일정 금액이 지급되는 구조다. 블로그, 인스타그램, 유튜브처럼 사람들과 소통할 수 있는 SNS 계정만 있다면 누구든 참여할 수 있다.

나 역시 쿠팡파트너스만 하다가 최근에는 쇼핑커넥트를 적극 활용 중이다. 구조가 단순하고 누구나 따라 하기 쉬워서 초보자들에게

네이버판 쿠팡파트너스라 할 수 있는 '네이버 쇼핑 커넥트'.

다양한 상품군 중 하나를 골라 자기만의 고유 링크를 발급받은 뒤 블로그에서 소개해보자.

도 충분히 괜찮은 수익원이 될 수 있다. 가입 방법도 간단해, 네이버에서 '브랜드 커넥트'를 검색해 해당 사이트에 접속한 다음 기본 정보만 입력하면 곧바로 시작 가능하다. 별도의 조건은 없으며, 블로그나 인스타그램 등 자신이 운영 중인 SNS 계정 하나만 연동시키면 된다.

가입을 마치면 어떤 상품을 소개할지 직접 선택할 수 있다. 자신이 관심 가는 상품을 찾거나 쇼핑커넥트에서 추천하는 인기 상품 중 하나를 골라도 된다. 마음에 드는 상품을 선택하면 그 상품을 소개할 수 있는 고유 링크가 생성되니, 그것을 자신의 블로그나 SNS 글에 삽입해 노출시켜 다른 이들의 구매를 유도해보자. 구매로 이어지는 경우 지급되는 수수료율은 상품에 따라 다른데, 대개는 8퍼센트에서 시작해 많게는 50퍼센트 이상까지 올라간다.

특히 할인율이 크고 수수료율도 높은 상품들이 모여 있는 '레전드 혜택' 코너를 잘 활용하면 좋다. 여기서 상품을 잘 고르면 수익을 크게 늘릴 수 있기 때문이다. 여름철에는 제습기, 시원한 이불, 자외선 차단제 같은 계절상품들에 대한 반응이 특히 좋다.

실제 사례들을 살펴보면 그중에는 정말 놀라운 성과도 있다. 3개월 동안 약 3억 8000만 원을 벌어들인 유튜버가 있는가 하면 역시 3개월간 매일같이 블로그에 제품 소개글을 올려 약 5200만 원의 수익을 올린 블로거도 있었다. 다이어트 후기를 바탕으로 건강식품을 소개한 크리에이터는 단 6일 만에 600만 원을 벌기도 했다. 물론 이러한 성과들은 누구든 도달할 수 있다고 하기엔 어려운 최상위 수준이지만, 중요한 것은 이러한 수익 달성도 얼마든지 구조적으로

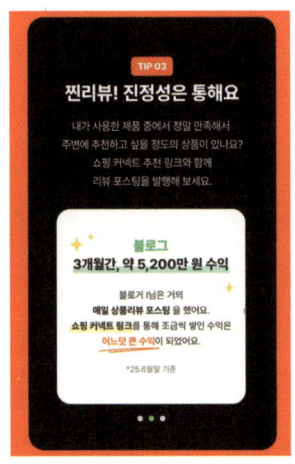

한 블로거는 3개월 동안 이 정도의 수익을 올리기도 했다고 한다.

가능하다는 점이다.

동시에 주의할 사항도 있다. 바로 글의 내용과 무관한 상품을 억지로 끼워 넣어선 안 된다는 것이다. 즉, 직접 사용해봤거나 진짜 괜찮다고 느낀 상품을 진정성 있게 소개할 때 구매로의 전환율이 훨씬 높다는 점을 기억해야 한다. 자신만의 고유한 정보와 경험을 글에 담아야 사람들의 신뢰를 얻을 수 있기 때문이다. 그렇지 않고 성의 없이 작성한 글에 링크만 달아두는 식의 방법으로는 거의 아무런 효과를 거두지 못한다. 읽는 이들의 입장에서는 그런 글을 신뢰하기가 어렵고, 결과적으로 해당 상품 링크를 클릭할 마음이 생겨나지도 않는다. 사람들이 진짜 필요로 할 만한 정보 속에 상품 링크를 자연스럽게 녹여내야 성과가 나오고 장기적으로 신뢰도도 유지된다.

쇼핑커넥트는 설정이 복잡하지 않음은 물론 상품 선택과 콘텐츠 작성 방식이 편리하다는 장점이 있다. 그렇기에 블로그 수익화를 노리는 사람이나 SNS를 부업으로 하는 사람이라면 충분히 활용해볼 만한 도구다.

어느 정도의 수익을 거두는가는 물론 중요하지만, 그보다 더 중요한 건 자신의 콘텐츠와 수익 시스템을 하나씩 연결해나가는 것이다. 이 시스템이 다중으로 갖춰지면 장기적으로 봤을 때 훨씬 큰 자산이 되는데, 쇼핑커넥트는 그러한 시스템의 시작점이 될 수 있다. 특히 자신이 이미 운영하고 있는 블로그의 주제와 일치하는 상품을 추천할 경우에는 해당 콘텐츠가 노출될 확률 및 구매전환율이 더욱 높아질 테니 이 점을 잘 기억하고 도전해보길 권한다.

약 20일 동안 쇼핑커넥트에서 내가 올린 수익.

최근까지 나는 쿠팡파트너스만 진행해왔으나, 앞서 이야기했던 우회 작업의 번거로움 탓에 최근에는 아예 쇼핑커넥트에 전념하고 있다. 이 글을 쓰고 있는 오늘 기준으로 보자면 시작한 지 20일이 채 되지 않았지만, 벌써 판매 매출이 2608만 원을 넘어섰고 예상 수익은 83만 2000원을 기록했다. 한 달 정도만 꾸준히 운영해도 최소 월 100만 원 이상의 수익은 충분히 가능할 것 같아, 또 하나의 강력한 파이프라인이 될 수 있다는 확신이 들었다.

사실 이제 막 블로그를 시작한 분들은 당장 이런 성과를 내기가 결코 쉽지 않다. 하지만 분명한 건 블로그 수익화의 기회는 포기하지 않고 꾸준히 이어가는 사람들에게 끝없이 열린다는 사실이다. 중요한 건 당장의 성과가 아니라, 포기하지 않고 끝까지 가는 힘이다.

나는 2021년 5월에 일 방문자 수 1만 명, 6월에 2만 명을 기록했고, 뒤이은 7월에는 블로그를 통해 회사 월급의 두 배에 가까운 수익

2021년 7월, 블로그로 얻은 수익이 처음으로 월급을 넘어섰다.

을 올렸다. 만약 이것이 단순한 일회성 수익이었다면 내가 유튜브와 책을 통해 "부업으로 네이버 블로그를 해보세요"라고 자신 있게 말할 수 없었을 것이다. 그러나 그 이후부터 2023년 3월에 회사를 퇴사하기 전까지는 월급보다 블로그 수익이 적었던 달이 단 한 차례도 없었다. 일 방문자 수 1만 명을 넘어서자 다양한 마케팅 업체의 리스트에 자동으로 올랐고, 업체 측의 가이드와 일정에 맞춰 성실히 포스팅만 하면 꾸준히 의뢰가 들어오는 구조가 만들어진 덕분이었다.

물론 퇴사는 쉬운 결정이 아니었다. 두 아이의 아빠이자 가족을 책임져야 하는 외벌이 가장이었으니 말이다. 그러나 2022년 한 해 동안 매달 월급 이상의 수익을 블로그로 벌어들이자 회사보다는 블로그가 내 본업이라는 생각이 강해졌다. 코로나19 탓에 회사가 불황을 겪고 직원들이 사직서를 내거나 이직 준비를 하는 시기였으나, 아이러니하게도 내 블로그 수익은 오히려 더 높아지고 있었다. 결국 2023년 3월, 회사를 떠나 전업 블로거로 전향하면서 내 인생의 두 번째 막이 시작되었다.

Part 2.

블로그 수익화와 AI 활용 노하우

지금까지 네이버 블로그를 활용해 1단계부터 7단계까지 각각 어떠한 목표를 설정하고, 어떤 과정을 밟아나가야 수익화를 할 수 있을지 차근차근 설명했다. 처음부터 "나는 네이버 블로그로 월 1000만 원을 벌 거야"라는 원대한 목표만 가지고 시작한다면 분명 중간중간 방향을 잃고 시행착오를 겪다가 결국 돈이 안 된다고 포기하는 상황이 올 수도 있다. 그렇기 때문에 자신이 이룰 수 있는 가장 가까운 목표부터 하나씩 설정하고 단계별로 이뤄가는 게 무엇보다 중요하다.

다만 블로그로 돈을 벌겠다는 생각을 가지고 막상 컴퓨터 앞에 앉아 글을 쓰려 하면 여전히 막막한 분들이 많을 것이다. 그런 분들을 위해 이번 파트에서는 어떻게 키워드를 찾고, 어떻게 글을 쓰고, 또 이미지는 어떻게 구해야 하는지 등 실전에서 활용 가능한 노하우를 보다 자세히 설명해보려 한다. 특히 글쓰기에 자신이 없어도 AI를 활용해 블로그 글을 생성할 수 있는 방법까지 설명했다. 이 노하우들만 블로그에 적용하면 블로그 성장은 물론이고 수익화까지 달성할 수 있을 거라 확신한다.

1
내 체급에 맞는 키워드 찾기

앞서 블로그 수익화 1단계에서는 앞으로 자신이 운영해야 할 수익화 주제를 어떻게 정할지, 2단계에서는 인플루언서 키워드 탭에서 어떤 키워드부터 골라야 할지를 알아보았다. 그런데 문제는 해당 키워드를 선택해 글을 작성한다고 해도 여전히 글이 노출되지 않거나, 고인물 블로거들에게 밀려 내 글이 한참 뒤에 있는 현상을 겪게 된다는 것이다. 이런 상황에서는 방문객들이 내 블로그에 유입되는 효과도 굉장히 미미할 수밖에 없다.

그 이유는 초보 블로거는 이미 블로그를 오래 운영해온 블로거들보다 C-랭크 지수가 낮아 아무리 양질의 글을 작성해도 쉽게 그들을 이기고 상위에 노출시키기가 어렵기 때문이다.

초보라면 검색량 많은 키워드는 피하자.

물론 네이버 역시 이에 대한 문제점을 파악하고 D.I.A 로직과 D.I.A+ 로직 시스템 등을 도입, 초보 블로거들도 경험이 담긴 양질의 글을 작성한다면 노출될 수 있도록 로직을 업그레이드했다. 하지만 이미 블로그를 성실하게 잘 운영해오던 블로거들 역시 품질을 충족하는 글을 작성하고 있기 때문에 뉴비 블로거가 고인물 블로거를 이기기란 여전히 쉽지 않은 상황이다.

그렇다고 해서 여기서 포기하면 안 된다. 이를 극복할 수 있는 방법은 충분히 많기 때문이다. 첫 번째 방법은 인플루언서들이 작성하지 않을 법한 키워드, 자기 체급에 맞는 키워드를 노리는 것이다. 인플루언서들이 잘 활용하지 않는 키워드는 당연히 검색량도 대체로 적다. 인플루언서들은 효과적인 키워드들이 넘쳐나는 상황에서 굳이 검색량 적은 키워드에까지 신경 쓸 필요가 없다. 게임으로 치자면, 만렙을 갖춘 캐릭터가 초보존에 들어와 경험치가 매우 낮은 토끼나 다람쥐를 잡으며 사냥하지는 않는 것과 같은 이치라 하겠다.

신규 블로거들은 고인물 블로거들이 작성하지 않는 틈새를 찾아 비집고 들어가 자신의 글을 상위에 노출시켜야 방문객 유입을 서서히 늘릴 수 있다. 그러한 상위 노출을 위해서는 '검색량'과 '문서 수', 그리고 '경쟁률'을 파악할 수 있는 키워드 검색 사이트를 적극 활용해야 한다.

국내에는 다양한 키워드 검색 사이트가 존재하며, 기본적인 키워드 검색 기능은 대부분 무료로 제공된다. 좀 더 편리하고 세부적인 기능을 활용하려면 유료 결제를 해야 하지만 이제 막 시작한 분들이라면 굳이 그럴 필요는 없다. 나 역시 유료 결제 없이 지금의 블로그를 키워낼 수 있었으니 말이다. 다음은 키워드 검색을 위해 내가 주로 활용하는 두 가지 도구다.

1) 웨어이즈포스트

키워드 검색 사이트 중 하나로 내가 자주 추천하는 것은 '웨어이즈포스트(https://whereispost.com/keyword)'다. 이 사이트에 접속해 왼쪽의 메뉴 탭에서 '키워드 마스터'(88페이지 그림의 ①)를 클릭하고 검색창(88페이지 그림의 ②)에 자신이 이용하고자 하는 메인 키워드를 입력하면 해당 키워드의 검색량과 문서 수, 그리고 비율 등(88페이지 그림의 ③)을 확인할 수 있다.

일례로 이 사이트의 검색창에 '연말정산'을 입력해보면 이 키워

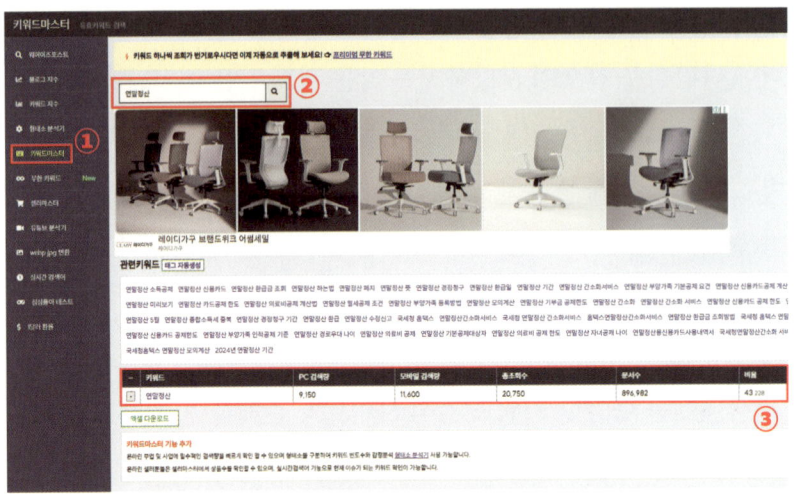

웨어이즈포스트에서의 키워드 검색 순서.

드의 총 조회 수는 2만 750, 문서 수는 89만 6982개, 그리고 비율은 43.228퍼센트라는 결과가 나온다(이때의 '비율'은 총 조회 수를 문서 수로 나눈 값인데, 비율이 낮은 키워드일수록 노출 확률을 높일 수 있다는 뜻으로 이해하면 되겠다). 그만큼 인기가 많은 키워드라는 뜻인데, 앞서 말했듯 이제 막 블로그 활동을 시작한 사람들이라면 '이런 인기 키워드로 글을 작성하면 상위에 노출될 수 있는 확률이 극히 희박하겠군'이라 예상할 수 있어야 한다. 그러니 키워드 검색 사이트에서 부지런히 손품을 팔아 '검색량은 적당히 적으면서도 문서 수가 적고, 비율 또한 낮은' 키워드를 골라내보자.

그런데 그런 키워드들은 어떻게 찾아낼 수 있을까? 이를 위해서도 웨어이즈포스트를 활용할 수 있다. 앞서 예로 들었던 '연말정산'

에 대한 검색 결과 창을 보면 '관련 키워드'라는 명칭하에 많은 키워드들이 함께 제시되는 것을 확인할 수 있다(아래 그림의 ①). 즉, 사람들이 '연말정산'이라는 키워드와 함께 연결해서 검색하는 키워드들까지 알려주는 것이다.

    이 키워드들을 하나씩 클릭하면 해당 키워드의 총 조회 수 및 문서 수, 비율 정보가 하단에 차곡차곡 리스트로 채워진다. 가령 '연말정산 환급일'이라는 키워드의 경우 총 조회 수는 640, 문서 수는 2592개, 비율은 4.050퍼센트이고(아래 그림의 ②) '연말정산 환급금 조회'는 총 조회 수가 2970, 문서 수가 4만 1118개, 비율은 13.844퍼센트임을 확인할 수 있는 것이다. 이러한 정보들은 '나는 어떤 키워드를 노려 글을 써야 할까?'라는 질문의 답을 찾는 길잡이가 되어줄 수 있다.

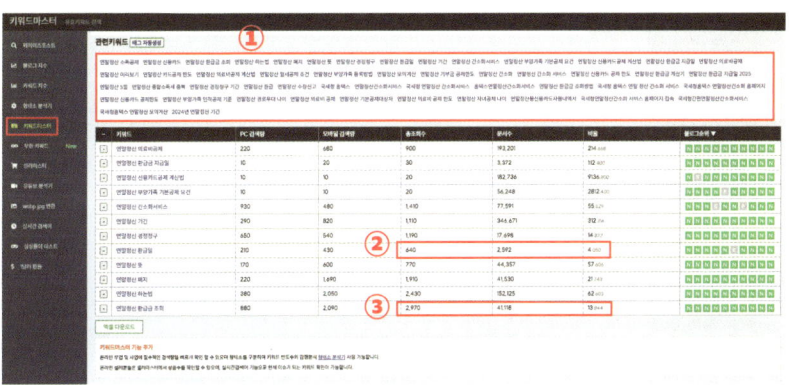

관련 키워드들과 관련된 정보 확인은 자신이 주제로 삼는 키워드를 선택하는 데 도움이 된다.

핵심적인 키워드의 모바일 검색량은 십만 단위 이상에 달하는 경우가 비일비재하지만, 그와 관련된 다른 키워드들 중에는 백 단위, 적게는 십 단위에 불과한 것들도 많다. 그렇기에 이러한 키워드들의 정보를 엑셀로 다운로드한 뒤, 검색량이 적은 키워드부터 오름차순으로 정렬해두면 자신이 노려볼 만한 키워드를 미리 수집해둘 수 있다. 적은 검색량의 키워드를 중심으로 하는 글은 그만큼 노출될 확률이 높으니, 그런 글들을 작성해 하나씩 블로그에 올리면 그것을 보고 블로그에 방문하는 이들의 수도 점진적으로 늘어날 것이다.

만약 웨어이즈포스트에서 찾은 관련 키워드들 중 만족할 만한 것이 없다면 화면 왼쪽에 있는 '무한 키워드' 탭(아래 그림의 ①)을 클

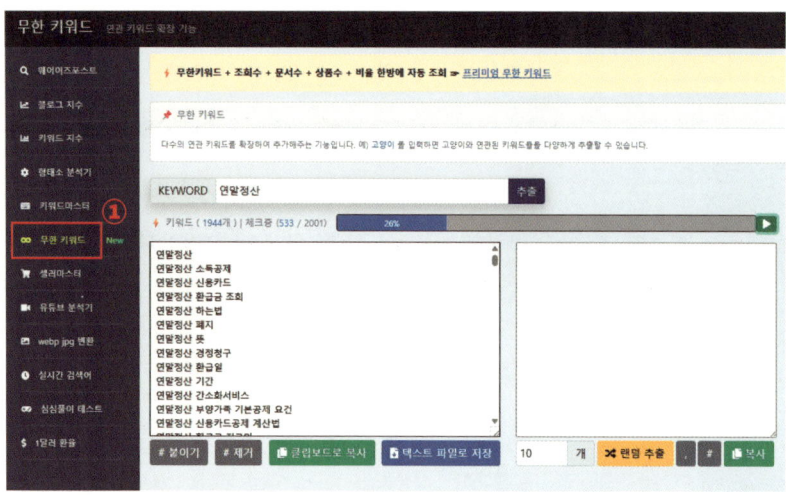

무한 키워드 기능을 활용하면 키워드 하나를 수천 개로 확장시킬 수 있다.

릭한 뒤 검색창에 자신이 원하는 키워드를 넣어 보자. 가령 '연말정산'을 검색창에 입력하면, 그림에서 보듯 '연말정산'과 관련된 키워드들 수백, 수천 개가 순식간에 생겨나기 때문에 그중에서 자신이 원하는 것을 골라낼 수 있다. 다만 이 기능을 통해 제시되는 키워드에 대해서는 아쉽게도 총 조회 수, 문서 수, 비율 등의 정보가 표시되지 않으니 자신이 직접 그러한 정보들 각각을 확인해야 한다는 번거로움이 있다는 것도 기억해두자.

2) 황금키워드 채굴기 프로그램

키워드를 찾다 보면 간혹 총 조회 수는 높은데 문서 수가 굉장히 적은 키워드를 발견할 수 있다. 일명 '황금키워드'라 불리는 키워드다.

실제로 크몽 같은 사이트에서는 이러한 키워드만을 모아 "황금키워드 1만 개 팝니다" 하는 식으로 판매하는 경우도 많다. 이러한 황금키워드가 블로그 성장에 당연히 도움이 되니 초보 블로거들 중에는 이를 구매하는 경우도 종종 있다. 하지만 이러한 리스트가 불특정 다수에게 공유되는 순간부터, 그 키워드들은 더 이상 황금키워드가 아니게 된다는 단점이 있다.

그간 나는 주변 지인들이나 내 컨설팅을 받는 분들에게 황금키워드를 찾는 방법을 상세히 알려주곤 했다. 그러나 생각보다 많은 분들이 키워드 찾는 일을 귀찮아하고 어려워한다는 걸 알게 되었다. 사실 초보 블로거들은 글을 작성하는 일만으로도 가뜩이나 어렵기 때문에, 별도의 시간을 할애해 키워드를 찾기란 더더욱 부담스러울 수밖에 없다.

'황금키워드를 쉽게 찾을 수 있는 자동화 프로그램을 내가 직접 만들어보면 어떨까' 하는 생각을 하게 된 것도 그런 이유에서였다. 이와 관련해 다양한 정보들을 찾다 보니 AI와 대정보화의 시대인 요즘에는 그런 프로그램을 만드는 것이 결코 어려운 일이 아니었고, 여러 노력 끝에 결국 '황금키워드 채굴기'라는 자동화 프로그램을 만드는 데 성공했다. 그리고 '황금키워드 채굴기 프로그램 만드는 법'을 많은 분들이 쉽게 따라 할 수 있게끔 튜토리얼 영상을 제작, 내 유튜브 채널에 올려 공유하고 있다.

황금키워드 채굴기 프로그램의 특징은 다음과 같다. 우선 컴퓨터

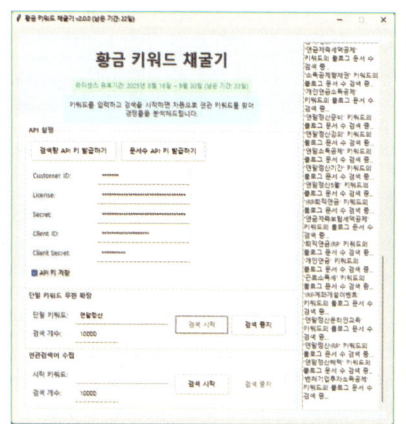 

내가 만든 황금키워드 채굴기의 초기 화면(좌)과
유튜브에 올린 '황금키워드 채굴기 프로그램' 튜토리얼 영상(우).

에서 이 프로그램을 실행한 뒤 키워드 검색 탭에 자신이 원하는 주제와 관련된 키워드를 하나 입력한다. 자신이 여행 블로거라면 그냥 '여행'이라는 키워드 하나만 넣으면 되는 식이다. 이어 '키워드 수집' 버튼을 클릭하면 이 프로그램은 사용자가 입력한 키워드의 관련 키워드를 수백 수천 개, 아니 무한정으로 자동 검색해준다. 그리고 이 검색 활동은 하루 10시간이건 100시간이건, 며칠이든 몇 주든 사용자가 프로그램을 중단하기 전까지 계속 이어진다.

키워드	PC검색량	모바일검색량	검색량	문서수	경쟁률
연말정산	9150	11600	20750	897038	43.23074699
IRP세액공제	3020	9670	12690	78000	6.146572104
보수총액신고	880	270	1150	30041	26.1226087
연말정산대행	90	10	100	31083	310.83
소득공제용연금저축	1590	5030	6620	10725	1.620090634
연말정산교육	100	10	110	101543	923.1181818
IRP	14600	30400	45000	201054	4.467866667
IRP계좌개설	9810	33900	43710	32050	0.733241821
연말정산계산기	1150	970	2120	44724	21.09622642
연말정산하는법	380	2050	2430	152128	62.60411523
벤처투자소득공제	430	630	1060	32632	30.78490566
연말정산소득공제	2450	6210	8660	409130	47.24364896
연말정산간소화	990	330	1320	98687	74.76287879
브이펀드	190	340	530	5373	10.13773585
연말정산연금저축	370	780	1150	210924	183.4121739
연말정산아웃소싱	70	0	70	4846	69.22857143
연금저축세액공제한도	1930	5320	7250	72719	10.0302069
연금저축	13100	37000	50100	613518	12.24586826
3.3연말정산	0	40	40	28877	721.925
더존연말정산교육	10	0	10	1536	153.6
연말정산소득공제항목	210	340	550	137600	250.1818182
연금저축펀드	8040	25500	33540	244168	7.279904592
IRP계좌	5380	11900	17280	127161	7.358854167
연말정산자동계산	160	30	190	60554	318.7052632
연말정산환급금조회	880	2090	2970	41119	13.84478114
연금저축세액공제	1730	4080	5810	132455	22.79776248
소득공제형채권	50	50	100	803	8.03
개인연금소득공제	640	1970	2610	132101	50.61340996
연말정산준비	50	20	70	367885	5255.5
연말정산강의	10	0	10	28698	2869.8
연말소득공제	70	270	340	470987	1385.255882
연말정산기간	290	820	1110	346687	312.3306306

황금키워드 채굴기를 활용하면 자기 체급에 맞는 키워드를 손쉽게 찾을 수 있다.

뿐만 아니라 '중지' 버튼을 클릭하면 그때까지 검색된 관련 키워드들이 자동으로 엑셀 파일에 저장된다. 그저 키워드만 나열된 형태가 아니라 각 키워드들의 PC 검색량, 모바일 검색량, 월간 총 검색량, 문서 수 및 경쟁률까지 표시된 형식으로 말이다.

실제로 이 프로그램을 사용해본 분들은 "이제 더 이상 키워드 고민을 하지 않아도 되어서 정말 편하고 좋아요"라는 감사 인사를 내게 많이 하신다. 이 책을 읽고 있는 독자들에게도 황금키워드 채굴기 프로그램 제작 방법이 공개된 내 유튜브 영상은 분명 도움이 될 것이다.

2
블로그 글쓰기와 챗GPT 활용

　사실 블로그는 SNS 중 가장 오래된 플랫폼 중 하나이지만, 그럼에도 결코 쉽지 않은 플랫폼이다. 인스타그램에서처럼 사진 한 장에 몇 줄의 텍스트만 간단히 올려서는 결코 수익화에 성공할 수 없는 탓이다.

　앞서 설명했듯 네이버 검색 상단에 블로그 글을 노출시키려면 자기 체급에 맞는 키워드를 찾아야 한다. 그런데 그런 키워드를 어렵게 찾아내는 것으로 끝이 아니다. 해당 키워드를 중심으로 어떤 말투와 어떤 내용, 어떤 구조의 글을 써야 할지 초보들은 감조차 잡기 어렵다는 문제가 뒤따르기 때문이다. 시중에 나온 수많은 책이나 온·오프라인의 강의들을 보면 다음과 같은 조언들이 넘쳐난다.

"글자 수는 최소 1000자 이상이어야 해요."
"키워드는 본문에 다섯 번 이상 반복해서 넣어주세요."
"사진은 꼭 다섯 장 이상 들어가게 하세요."
"경험적인 얘기를 글에 많이 넣어야 해요."

하지만 초보들이 이 모든 걸 지켜서 어렵게 글을 작성한다 해도 상위 노출로 이어지는 것은 아니다. 그러니 방문자 수는 제자리걸음만 할 뿐이고, 결국 부지기수의 초보 블로거들이 "블로그는 역시 돈이 안 돼" 하며 포기하고 돌아서는 것이다.

나는 앞서 1부에서 풀어놓은 이야기를 몇 년 전까지만 해도 열심히 떠들며 살았다.

"그냥 부지런히만, 열심히만 하면 됩니다. 잠 줄이고 새벽에 일어나 매일 글 세 편, 다섯 편 이상씩 꼬박꼬박 올리면 여러분은 블로그를 성장시켜 수익화할 수 있어요."

그러다 알게 됐다. 직장에서 열심히 일한 뒤 피곤한 몸을 이끌고 퇴근해 육아와 집안일을 한 뒤 책상 앞에 다시 앉아 매일같이 그런 생활을 할 수 있는 체력 혹은 여력을 가진, 나처럼 돌연변이 같은 사람은 결코 흔치 않다는 것을 말이다. 그래서 '어떻게 하면 많은 분들이 블로그에 더 쉽게 접근하게 할 수 있을까?', '어떻게 하면 보다 적은 시간과 노력으로 최소한의 성취감을 느끼며 블로그에 재미를 붙이게 할 수 있을까?'라는 고민을 정말 많이 했다.

다행히 AI의 눈부신 발전 덕에 챗GPT나 클로드처럼 글쓰기에 특화된 플랫폼이 등장했고, 그에 따라 블로거들은 블로그에 투자

하는 시간을 엄청나게 줄일 수 있게 되었다. 나 역시 그전에는 글이 안 써질 경우엔 한 시간 이상 걸리는 때가 꽤 많았다. 그러나 이제는 AI를 잘만 활용하면 5분도 채 안 되어 글 한 편을, 심지어 내가 직접 쓰는 것보다 나은 퀄리티로 작성하는 일이 얼마든지 가능해졌다.

네이버 블로그 알고리즘이 선호하는 '좋은 퀄리티'의 글을 뽑아내려면 반드시 프롬프트를 공부해야 한다. ==무엇보다 중요한 관건은 실제 사람이 쓴 글 같은 느낌은 살리면서, 네이버 알고리즘이 좋아할 만한 '가독성' 있는 글을 쓰는 것이다.==

챗GPT를 겉핥기식으로만 사용하는 분들은 그저 대충 질문하고 그 결과로 나온 답을 "이 정도면 훌륭하네" 하며 블로그에 바로 붙여 넣는 경우가 많다. 그러나 대중의 눈높이가 높아진 이제는 어떤 글을 얼핏 보기만 해도 그것이 AI로 발행한 글인가의 여부를 쉽게 판단할 수 있기에 이르렀다. 말하자면 '실제 사람의 진한 경험이 담긴, 가독성 좋은 글'을 쓰는 것이 더욱 중요해진 것이다.

물론 가장 좋은 방법은 자신이 직접 글을 작성해보는 것이다. 하지만 진심으로 "나는 블로그 글쓰기에 목숨을 걸 거야"와 같은 마인드로 접근하지 않는 이상에는 그냥 대강대강 하다가 지쳐 포기해버리는 경우가 수도 없이 많다. 그렇기에 매일매일 블로그에 글을 쓰는 습관이 길러지지 않은 사람이라면 챗GPT와 같은 도구를 활용해 글쓰기를 시작해보는 것이 가장 좋은 접근 방법이라고 생각한다.

이하의 내용은 그런 의미에서 공유하는, 실제 내가 사용 중인 '챗

GPT 맞춤 설정' 및 'GPTs 만드는 법'이다. 다만 사전에 미리 부탁하고 싶은 점이 하나 있다. 내가 이야기하는 프롬프트를 곧이곧대로 사용하기보다는 자신이 운영하는 블로그 주제와 자신의 콘셉트 및 어투에 맞게 커스터마이징을 하는 편이 훨씬 효과적일 것이라는 점이다.

1) 글의 퀄리티를 높이는 챗GPT 맞춤 설정과 GPTs

챗GPT에 가입한 사람들의 대부분은 질문부터 시작하곤 하지만, GPTs라는 기능을 사용해보는 것이 좋다. GPTs는 사용자가 자신의 목적에 맞게끔 챗GPT를 커스터마이징할 수 있는 기술이다. 이 기술을 쓰려면 기본적으로 매달 20달러를 내는 '챗GPT 플러스' 요금제를 사용해야 한다.

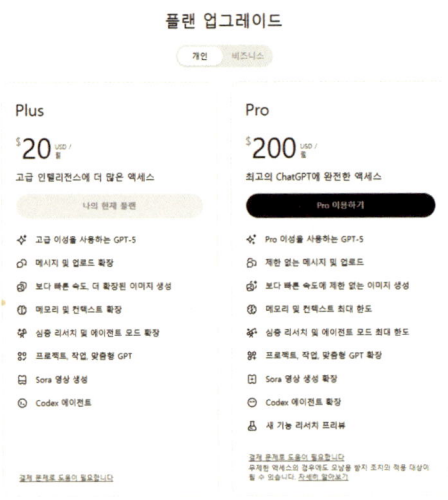

GPTs 기능을 사용하려면 플러스 요금제를 택해야 한다.

사실 원-달러 환율이 높은 요즘에는 월 20달러가 다소 부담스러운 요금일 수 있다. 그러나 지브리 스튜디오 느낌의 프사 만들기가 대유행했던 것처럼 이 기능은 단순히 블로그 글 작성뿐 아니라 업무, 취미, 공부, 대화 등 여러 분야에서 유용하게 활용할 수 있다. 바꿔 말하자면 잘만 활용할 경우 충분히 그 사용료 이상의 수익을 거둘 수 있다고 확신하기 때문에 나는 무조건 유료 사용을 권장한다.

회원으로 가입해 유료 결제까지 완료한 뒤 우측 상단의 프로필 아이콘을 클릭하면 '챗GPT 맞춤 설정'이라는 메뉴가 나온다. 나는 여기에 나를 나타내는 몇 가지 자기소개를 해두었다. 닉네임 입력란에는 '새벽리더'라고, "어떤 일을 하고 계신가요?" 창에는 'IT 전문 블로거, 유튜버, 크리에이터, 수익화 블로그 강사, 마케팅 브랜딩 전문가'라고 입력했다. 이렇게 사용자 자신이 주로 하는 일을 입력해두면 GPT가 해당 분야들과 좀 더 관련된 답변을 잘 뽑아내준다.

'챗GPT 맞춤 설정'에서는 사용자가 자신을 소개하는 문구를 입력할 수 있다.

이어 "챗GPT가 어떤 특성을 지녔으면 하나요?"라는 창에는 평소 내가 블로그 글을 작성할 때 사용하는 말투를 고려한 특성, 답변 방식 대한 특성을 다음과 같이 써 넣었다. 특히 마지막 사항은, 블로그 글의 작성을 위해 다양한 원본 문서 등을 챗GPT에게 학습시켜야 할 때가 많은데 그러한 문서들과 유사한 글을 챗GPT가 생산해내는 것을 방지하기 위해 요구한 특성이다.

- 모든 답변은 전문가다운 신뢰감 있는 톤으로 말해줘.
- 블로그 글은 소제목과 리스트 중심으로.
- 정보가 한눈에 들어오게 하나의 완성된 문장 형태로 작성해줘.
- 실무에 바로 적용 가능한 내용 위주로 작성해줘.
- 기사나 문서 등의 자료를 던져주면 해당 자료를 참고하되 유사하지 않게 글을 작성해줘.

챗GPT 맞춤 설정'에서는 사용자가 자기소개 문구를 넣거나(좌),
챗GPT의 답변과 관련해 자신이 원하는 사항을 미리 입력해둘 수 있다.

이에 더해 나는 '블로그 글 작성 시 이모지나 이모티콘은 넣지 말아줘'라는 특성을 추가했다. 챗GPT로 블로그 글을 뽑아낼 경우엔 은근히 이모지나 이모티콘이 포함되어 있는 경우가 많은데, 나는 오히려 이게 더 AI스럽다는 느낌이 들어 배제하고 있다.

그리고 마지막으로 "당신에 대해 알아야 할 내용이 또 있을까요?" 항목에는 다음과 같이 입력해두었다. "나는 15년차 브랜딩 마케팅 전문가로 '새벽리더'라는 닉네임으로 활동 중이다. 네이버 파워블로거 출신으로 IT, 마케팅, 신제품 루머, 콘텐츠 제작 등에 특화된 블로그 글을 작성하며 유튜브, 네이버 카페 등 다양한 채널을 운영한다. 최근에는 숏폼과 블로그 수익화 강의, 전자책 제작, PPT 발표자료 구성 등 강의 콘텐츠도 기획한다."

이렇게 자신을 잘 설명해주는 소개글을 사전에 입력해두면 이후 챗GPT는 사용자가 어떤 질문을 하든 그 소개글의 내용과 관련된 콘셉트의 답변을 해주기 때문에 매우 효과적이다. 여기까지 진행한 뒤 우측 하단에 있는 '저장'을 누르면 1차 맞춤 설정은 일단 완료된다.

2) 나만의 GPTs 만들기

이어 좌측 메뉴의 'GPT'(102페이지 그림의 ①)를 클릭하면 우측 상단에 '내 GPT'라는 버튼이 눈에 띌 것이다. 이것을 클릭하면 자신이 만든 GPTs를 한눈에 살펴볼 수 있을 뿐 아니라 편집도 할 수 있다. 또한 공유도 가능하기에 자신이 직접 GPTs를 만든 뒤 전체 사용자에게 공개하는 것도 가능하다(덕분에 나도 다른 블로거들이 전체 공개한

좌측 하단의 'GPT', 우측 상단의 '+만들기'를 차례로 클릭하면 자신만의 GPTs를 만들 수 있다.

GPTs를 직접 사용해본 적이 있지만, 왠지 모르게 내 주제와는 조금 어울리지 않고 답변도 만족스럽지 않아 내가 사용할 GPTs를 직접 만드는 쪽을 택했다).

　우측 상단의 '+만들기(위 그림의 ②)'를 클릭하면 103페이지의 그림과 같은 화면이 열린다. 먼저 왼쪽 상단의 '이름'에서는 내가 만들려는 GPTs의 이름을 설정할 수 있다. 내가 기존에 만들어 사용 중인 '제품 리뷰글'의 GPTs를 그대로 비슷하게 만들어보겠다. 이름에는 "제품 리뷰글(새벽리더)"라고 입력했다. 설명에는 "각종 IT 관련 리뷰글을 작성하기에 적합한 GPTs입니다."라고 입력하였다. 그리고 가장 중요한 '지침' 부분에는 다음과 같이 총 열두 개의 지침을 넣었다.

- 내가 언급한 내용들을 바탕으로 해당 제품의 특장점을 리뷰하는 블로그 포스팅을 작성하려고 해.
- 글의 최상단에는 사람들이 많이 유입될 만한 키워드를 넣어 제목을 5개 정도 추천해줘.
- 제목 다음에 [해당 리뷰는 업체로부터 제품을 협찬받아 작성한 솔직한

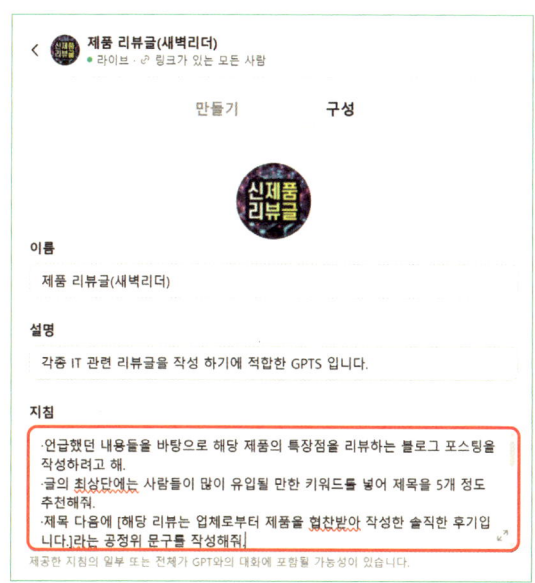

만들고자 하는 GPTs의 이름과 설명, 그리고 관련 지침들을 설정해보자.

후기입니다.]라는 공정위 문구를 작성해줘.
- 각각의 문장에서 글이 끊어지지 않게끔 소제목을 달아 하나의 완성된 문장 형태로 작성해줘.
- 글자 수가 많아져도 좋으니 해당 제품의 주요 특장점과 스펙에 맞춰 내용을 생략하지 말고 최대한 반영해줘.
- 해당 제품을 사용해보면서 솔직히 아쉽게 느껴진 점에 대해서도 한 문단을 추가해줘.
- 제공했던 내용 중에 프로모션이나 이벤트와 관련된 것이 있다면 글의 하단에 해당 부분으로 유도하는 내용을 언급해줘.

- 글의 서론은 해당 제품을 리뷰하게 된 계기를 설명하며 그 제품을 필요로 하는 사용자들이 호기심을 느낄 수 있는 문구들로 작성해줘.
- 글의 결론에서는 해당 제품을 총평하고, 글에서 제공한 내용 중 관련 링크가 있을 경우엔 그 링크로 유도하는 내용을 하단 부분에서 언급해줘.
- 글의 맨 하단에는 해당 글과 관련된 키워드 태그까지 #을 넣어 생성해줘야 해.
- 전체적으로 실제 해당 제품을 다양하게 테스트해보고 활용해본 경험이 담긴 생생한 후기 형태의 글을 작성해줘야 해.
- 각각의 문단에 기능이나 스펙에 대한 개인적 생각이나 의견도 자연스럽게 문장 안에 반영해줘. 단, 그런 내용을 별도의 새로운 문단으로 작성할 필요는 없어.

지침의 수가 다소 많다고 느끼는 독자들도 계실 듯하다. 사실 IT/테크 분야 블로거의 특성상 제품 리뷰를 작성하는 경우가 많기 때문에, 어떤 지침을 넣어야 가장 만족스러운 답변이 나올지를 고민하며 하나씩 추가하다 보니 열두 개까지 만들어졌다. 그러나 "내가 블로그에 주로 쓰는 글은 제품 리뷰가 아닌데요?" 하는 분들이라면 자신이 어떤 글을 위주로 할 것인지에 따라 지침을 얼마든지 추가 혹은 수정할 수 있다. 다시 말해 가장 중요한 것은 본인 글의 종류와 스타일에 맞게끔 GPTs를 커스터마이징하는 것이다.

이렇게 지침들까지 모두 작성한 뒤에는 우측 상단에 있는 '공유하기'를 클릭하자. 여기에서는 '나만 보기', '링크가 있는 모든 사람',

지침 입력까지 마치면 오른쪽 상단의 '공유하기'와 '업데이트'를 눌러
자신만의 GPTs 생성 과정을 마무리하자.

'GPT 스토어' 등의 옵션을 선택할 수 있는데, 만약 타인과 공유할 것이 아니라면 '나만 보기'로 선택하면 된다. 이어 '저장'을 클릭하고, '공유하기' 옆에 위치한 '업데이트'를 클릭해 'GPT 보기'를 누르면 나만의 GPTs가 완성된다. 이후 왼쪽 메뉴를 보면 자신이 맞춤 설정을 해둔 GPTs가 생성되어 있는 것을 확인할 수 있을 것이다.

3) GPTs의 실제 사용법

여기까지 했다면 그다음 수순은 자신이 만든 GPTs를 직접 사용해 블로그 글을 작성해볼 차례다. 내가 실제로 블로그를 운영하면서 활용하는 GPTs로는 다음과 같이 총 8종이 있고, 지금도 계속해서 업그레이드를 해나가고 있는 중이다.

- 방문 체험단 글
- 프로모션 홍보 글
- 제품 루머 글

- 소프트웨어 루머 글
- 제품 리뷰 글
- 소프트웨어 리뷰 글
- 제품 비교 글
- 내돈내산 제품 리뷰 글

자신이 작성할 글의 콘셉트에 적합한 GPTs를 이렇게 미리 만들어두면 새 글을 작성할 때마다 매번 반복되는 프롬프트를 입력할 필요가 없어 불필요한 시간을 줄일 수 있다는 장점이 있다. 또한 평소 내가 쓰는 말투로 작성된 1000~2000자 정도의 블로그 글을 단 몇 초 만에 완성할 수 있어 매우 편리하다.

GPTs를 활용해 글을 생성하는 방법은 어렵지 않다. 가령 내가 작성할 글의 키워드가 '아이폰15프로'라면 우선 왼쪽 메뉴 상단에 있는 '새 채팅(107페이지 그림의 ①)'을 열고, 그다음 상단의 'ChatGPT 5(107페이지 그림의 ②)'를 클릭한다(GPT는 업데이트 주기가 빠르기 때문에 항상 최신 버전을 선택하는 편이 좋다). 이어 프롬프트 입력창 왼쪽의 +를 눌러 나오는 메뉴에서 '더 보기'(107페이지 그림의 ③)를 클릭하면 '웹 검색(107페이지 그림의 ④) 기능을 켤 수 있다. 이 상태에서 검색창에 "아이폰15프로 리뷰'라고 입력하면 아이폰15프로와 관련된 다양한 리뷰 글이 서칭됨을 확인할 수 있다.

하지만 이렇게 검색된 내용을 블로그에 올리고 싶다면, 이 내용 자체를 그대로 복사해 붙여넣기보다는 자신만의 문체와 형식에 맞

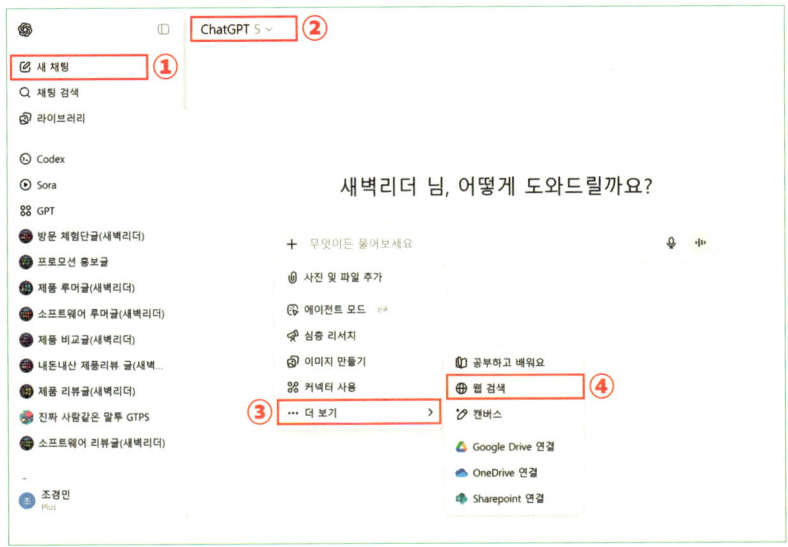

왼쪽 메뉴 상단에서 '새 채팅'을, 이어 'ChatGPT 5'를 클릭한 뒤 프롬프트 입력창 하단의 '웹 검색'에서 내가 사용할 키워드와 관련된 자료를 검색하라고 지시하면 챗GPT는 여러 리뷰들을 찾아내준다.

게 좀 더 다듬는 것이 좋다. 이를 위해 나는 미리 제작해둔 8종의 GPTs 중 '제품 리뷰 글' GPTs를 불러올 것이다. 대화창에서 @을 눌러 '제품 리뷰'라고 검색하면 해당 GPTs가 뜨니, 이를 선택한 뒤 "지침에 맞춰 블로그 글 작성"이라는 한마디만 덧붙이면 된다. 이렇게 하면 1분이 채 지나기도 전에 아이폰15프로 관련 제품 리뷰 글이 완성된다.

 단, 한 가지 유념해야 할 점이 있다. 아무리 GPTs에 완벽히 지침을 입력했다 하더라도, 답변에 그것이 100퍼센트 반영되지 않는 경우가 종종 있다는 것이다. 일례로 나는 항상 "검색자가 키워드로 유

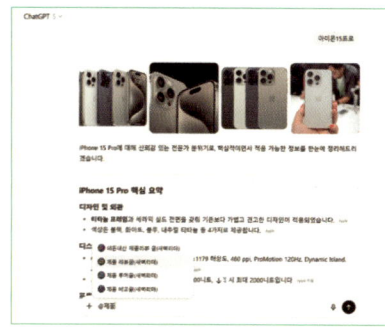 

챗GPT가 '아이폰15프로'의 '웹 검색' 결과를 정리해 제시해주면(좌),
사전에 만들어둔 GPTs의 지침에 따라 그 내용을 다듬을 수 있다(우).

입될 수 있을 만한 제목 5가지를 추천해줘"라는 지침을 넣어두지만, 때에 따라선 제목의 수가 그에 이르지 못하곤 한다. 이런 상황이 생기면 다음과 같은 식으로 추가 프롬프트를 입력해주자.

- 제목 5가지 추천해줘.
- 해시태그 반영
- 제품의 단점에 대해서도 한 단락 추가
- 말투는 기계적이고 딱딱하지 않게, 실제 개인 블로거 입장에서 친근한 말투로 수정해줘.

이렇게 지시하는 과정을 통해 자신이 원하는 형태로 글을 수정하거나 보완할 수 있다. 그러니 만족스러운 글의 퀄리티를 위해서는 항상 추가 프롬프트로 보정하는 습관을 갖는 편이 좋다.

4) S메모 프로그램 활용하기

자, 이렇게 챗GPT로 완성한 글을 복사한 후 그대로 블로그에 붙여 넣어보자. 그러면 글자 크기나 색상, 간격 등이 의도치 않게 바뀌어버리는 것을 볼 수 있을 것이다. 내 블로그 화면에서는 볼 수 없지만, 챗GPT가 작성한 글에 포함되어 있던 불필요한 HTML 코드들이 함께 복사되어 들어가버린 탓이다. 이렇게 HTML 서식 코드가 같이 들어가 있는 글은 검색엔진이 올바로 읽어들이지 못하거나, 알고리즘이 AI로 생성된 저품질 글이라고 오인식할 수도 있다.

S메모는 이런 문제의 발생을 방지하기 위해 내가 활용하는 프로그램이다. PC 버전과 모바일 앱 버전 모두가 지원되기 때문에, 인터넷만 연결되어 있으면 PC와 모바일 간 연동이 쉬워 메모앱으로도 편리하게 활용할 수 있다.

우선은 챗GPT가 생성한 글을 S메모 프로그램에 붙여 넣고, 그런 뒤 그 글을 S메모에서 다시 복사해 블로그에 붙여 넣어주자. 이후에는 단락별로 구분을 해주고 어색한 문장이나 단어, 사실과 다른 내용, 또는 직접 경험한 내용을 추가하여 자신만의 스타일로 글을 간단하게 꾸며주고 발행하면 된다.

이때 염두에 두어야 할 점이 있다. 포인트 강조 등을 위해 글에 너무 많은 효과를 넣는 데 오랜 시간을 투자하는 건 그리 좋은 방법이 아니라는 게 그것이다. 체험단 리뷰나 광고 협업 글이 아니라면 그런 부분에 많은 시간을 쏟는 건 비효율적인 일이다. 그러니 가독성만 어느 정도 높여주는 정도로 마무리하고 글을 발행하자.

간혹 '블로그상에서 손수 타이핑해 글을 쓰지 않으면 점점 저품질 블로그로 변질되며 문제가 발생할 수 있다'는 식의 '카더라' 정보가 많은데, 이는 사실이 아니라는 것도 덧붙이고 싶다. 현재까지 5년간 블로그를 운영하는 동안 나는 계속해서 S메모를 활용해 글을 작성해왔음에도 아무런 문제가 없었으니 말이다.

챗GPT가 생성한 글을 선택해 S메모에 붙여 넣은 뒤(위),
S메모상에서 그 글을 다시금 선택해 블로그에 붙여 넣으면 된다(아래).

물론 블로거라면 아마도 한 번쯤은 'AI를 활용해 글을 쓰면 블로그가 망가지지 않을까?' 하는 생각을 해봤을 것이다. 하지만 결론만 말하자면, '좋은 글이라면 AI로 쓰든 손으로 쓰든 상관없다'는 것이다. 네이버 또한 "생성형 AI을 활용했다는 이유로 검색 노출에 불이익을 받는 경우는 없다"고 공식적으로 밝힌 바 있으니 안심해도 좋다.

다만 블로그 글쓰기에서 AI를 활용함으로써 생기는 문제도 많다는 것은 사실이다. 아무짝에도 쓸모없는 글, 거짓으로 날조된 저품질 글들이 마구 발행된 데다 네이버 검색 상위권에 떡하니 노출되는 경우도 비일비재하기 때문이다.

이런 문제 탓에 네이버는 품질 낮은 글들을 제재하고 좋은 글들을 노출시키기 위해 검색 알고리즘을 더욱 고도화하는 작업을 진행 중이라고 밝히기도 했다. 다만 여기서 말하는 '좋은 글'이란 단순히 블로그 상위 노출을 위한 알고리즘 최적화 글이 아니라, 실제 사용자들에게 진짜로 도움을 주는 글을 뜻한다. 네이버가 공식적으로 밝힌 '좋은 문서의 기준'은 다음과 같다.

① 신뢰성 있는 정보: 근거 있는 정보로 글을 구성할 것
② 솔직한 경험: 자신이 직접 경험한 후기로 작성할 것
③ 독창성: 남의 글을 복사해 붙여 넣거나 짜깁기하지 말고 자신의 콘텐츠로 작성할 것
④ 심층적 구성: 글의 길이나 정보량이 충분해야 함

⑤ 가독성: 읽는 이들이 쉽게 이해할 수 있도록 문장을 구성할 것

이를 종합해 말하자면 'AI가 뱉어낸 글 그대로를 블로그에 그냥 고스란히 올리는 건 의미가 없고, AI가 주는 정보를 참고하되 자신의 고유한 경험과 말투, 구조로 다듬은 글이어야 노출이 된다'는 것이라 할 수 있겠다.

네이버는 최근 AI로 글을 자동 생성해서 도배하거나 복사·붙여넣기 하는 블로거들을 집중 모니터링하고 있다고 한다. C-랭크, D.I.A+, 유사문서 판독 시스템 등을 통해 AI 남용 여부, 유사도, 품질 저하를 빠르게 탐지하고 있다는 것이다. 따라서 소위 '무지성'의 저품질 글을 발행할 경우에는 검색 노출 제한, 더 나아가 블로그 저품질 판정을 받을 수도 있으니 반드시 유념해야 한다.

5) AI를 활용한 이미지 생성 방법

AI로는 글뿐 아니라 이미지를 생성하는 것도 가능하다. 글과 마찬가지로 유사 이미지 또한 블로그 저품질의 원인이 되곤 한다. 그러나 AI를 활용해 이미지를 생성해 활용하면 저작권 이슈에도 걸리지 않는 데다 유사 이미지 또한 피할 수 있기 때문에, 직접 촬영이 어려운 글을 작성할 경우 매우 유용하다.

챗GPT를 비롯해 미드저니, 이미지FX, 뤼튼, 빙 등 이미지를 생성해낼 수 있는 AI 프로그램의 종류는 정말 다양하다. 글을 쓰고 있는 현재 기준으로, 무료로 사용할 수 있음과 동시에 생성 이미지의

퀄리티가 가장 높은 프로그램은 구글의 이미지FX다. 물론 챗GPT에서 생성하는 이미지의 퀄리티도 굉장히 좋아진 것은 사실이다. 그러나 무료 사용자의 경우에는 사용량에 한계가 있고 이미지 생성에 걸리는 시간도 긴 편이다.

반면 이미지FX는 생성 속도가 굉장히 빠르고 퀄리티 또한 우수하다는 장점이 있다. 다만 현재는 한글 프롬프트로 작성할 경우 내가 의도하지 않는 이미지로 생성되는 경우가 많아, 챗GPT에서 영문 프롬프트를 먼저 생성한 뒤 해당 영문을 이미지FX에 붙여 넣는 방식으로 사용할 것을 권장한다.

생활/건강 분야 주제의 블로그를 운영 중이고 '무릎 관절염의 원인과 치료 방법'이라는 제목으로 글을 발행하려 하는 블로거의 경우를 상상해보자. 이런 글을 쓸 때 내용에 부합하는 이미지를 넣어주면 자칫 글이 지루해질 수 있는 위험을 낮추고 가독성은 높아질 것이다.

그렇다면 그런 이미지는 어떻게 구할 수 있을까? 무릎 관절이 아파 고통스러워하는 자신의 모습을 찍어 그 사진을 올려주는 것이 물론 가장 좋겠지만, 이렇게 실제 촬영한 사진을 매번 준비하기란 현실적으로 쉽지 않은 일이다. 그렇다 해서 인터넷에 있는 사진을 함부로 사용하면 저작권 문제가 발생할 수 있으니 그 또한 조심해야 한다.

이러한 경우에 택할 수 있는 최적의 방법은 AI를 활용해 글에 어울리는 이미지를 생성하는 것이다. 방법은 간단하다. 먼저 챗GPT

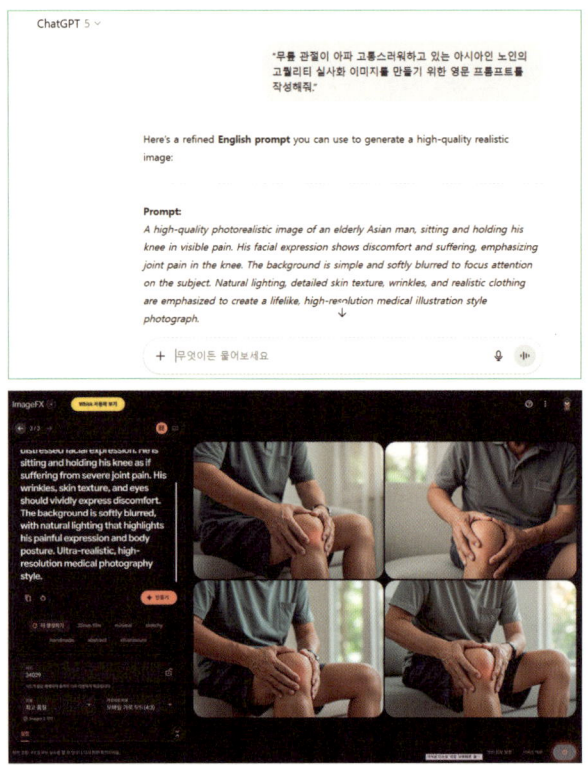

챗GPT에게 내가 원하는 이미지를 설명하며 그에 해당하는 영문 프롬프트 생성을 요청한 뒤(상)
그것을 복사해 이미지FX의 프롬프트 창에 붙여 넣고
사이즈를 설정하면 직접 촬영한 듯한 이미지를 얻을 수 있다(하).

입력창에 "무릎 관절이 아파 고통스러워하고 있는 아시아인 노인의 고퀄리티 실사화 이미지를 만들기 위한 영문 프롬프트를 작성해줘" 라고 입력해보자.

이렇게 요청하면 챗GPT는 해당 이미지를 만들기 위한 영문 프롬프트를 만들어준다. 이 프롬프트를 복사해 이미지FX의 프롬프트 창에 붙여 넣고, 원하는 사이즈를 설정한 뒤 생성하면 굉장히 사실감 있는 이미지가 결과물로 나오는 것을 확인할 수 있다. 이렇게 생성된 총 네 장의 이미지 중 마음에 드는 컷을 선택해 복사 후 바로 블로그에 붙여 넣으면 된다.

예시를 통해 알 수 있듯, 챗GPT와 이미지FX를 활용해 블로그 글에 적합한 이미지를 만드는 일은 어렵지 않다. 이 작업의 결과물로 얻는 이미지는 퀄리티가 좋기 때문에, 블로그의 글에 삽입하면 읽는 이들의 관심을 끌 수 있을 뿐 아니라 글에 대한 몰입도 또한 높여줄 것이다. 또한 이미지 사용에 따르는 저작권 이슈에 휘말리는 일도 방지해주니 여러분들도 각자 자기 블로그의 주제에 맞는 다양한 이미지들을 생성해 활용할 수 있기를 바란다.

3
방문자 박스권 탈출 전략

　네이버 블로그를 운영하다 보면 누구나 어김없이 맞닥뜨리는 현상이 있다. 블로그에 매일같이 글을 쓸 뿐 아니라 많게는 하루 세 편에서 다섯 편, 때론 그 이상을 올리는데도 방문자 수가 영 늘지 않고 일정 수준에서 머무는 현상이다.

　블로거들은 이를 '박스권에 갇혔다'라고 일컫곤 한다. '박스권'이란 매일같이 블로그에 글을 올려도 방문자 수가 쉽게 늘지 않고 일정 수준에 계속해서 머무는 현상을 칭하는 표현이다. 박스권이라는 개념이 없었던 과거에는 블로그의 일 방문자 수를 제한 없이 끌어올릴 수 있었지만, 현재는 알고리즘이 기존에 작성했던 글의 순위를 인위적으로 낮춰 하루에 일정 방문자 수를 넘지 못하게 하는 현상이

빈번하게 발생한다.

물론 네이버 측에서는 알고리즘 노출 문제를 우려해 박스권 현상을 공식적으로 인정하지 않는다. 그럼에도 몇 년 이상 블로그를 운영해오고 있는 블로거들에게는 '박스권은 실제로 존재하는 현상'임이 거의 정론처럼 받아들여지고 있다.

이번 꼭지에서는 이러한 박스권에서 탈출하기 위한 다섯 가지 방법을 좀 더 구체적으로 살펴보겠다. 자신의 블로그가 현재 지긋지긋한 박스권에 갇혀 있다면 지금부터 알아볼 다섯 가지 전략을 꼭 적용해봐야 한다.

1) 다포스팅 전략

첫 번째 전략은 글을 많이 올리는, 즉 '다포스팅' 전략이다. 정보성 포스팅을 이전보다도 비약적으로 늘리는 것은 블로그를 빠르게 성장시킬 수 있는 가장 기초적인 매커니즘이자 기본 중의 기본인 방법이라 할 수 있다. 이 기본이 갖춰지지 않은 상태에서는 뒤이어 설명할 네 가지 방법들을 아무리 적용한다 해도 박스권 탈출이 쉽지 않다.

내 경우를 되돌아보면, 블로그로 돈을 벌고자 마음먹은 뒤 약 1년이라는 기간 동안 일 방문객 수 2000명의 박스권을 못 벗어났던 적이 있었다. 당시에도 하루에 적으면 세 편, 많으면 여섯 편의 글을 올렸는데 말이다.

그런 시기가 지속되어 '도대체 왜 2000명을 못 넘기는 것일까?'를 곰곰이 생각해보니 답은 매우 간단했다. 그 기간 동안 나는 체험단 리뷰 글만 주구장창 포스팅했기 때문이었다. 물론 체험단 리뷰나 상업성 글의 키워드들 중에도 높은 조회 수를 잘 이끌어내는 것들은 분명 존재한다. 그러나 그런 키워드들은 대개 경쟁이 굉장히 치열한 데다 노출되기도 어렵기 때문에 초보들이 활용하기엔 적합하지 않은 경우가 많다.

그래서 2021년 5월 나는 체험단 활동을 완전히 끊었고, 이후부터는 아예 사람들이 많이 검색할 만한 정보성 글들만 포스팅하기 시작했다. 물론 하루에 올리는 글의 수는 계속해서 적게는 세 개, 많게는 여섯 개를 유지하면서 말이다. 일 방문객 수 1만 명과 2만 명 돌파도 그런 과정 끝에 달성된 결과였다.

그러니 혹시 지금 '내 블로그 방문자 수는 왜 이렇게 안 오를까?'라는 고민이 있다면 다포스팅 전략을 취해보는 것을 추천한다. 어느 정도가 '다포스팅'에 해당하는지 잘 모르겠다면 심플하게 '두 배 전략'으로 해보자. 그동안 1일 1포스팅으로 블로그를 운영해왔다면 1일 2포스팅으로, 1일 2포스팅을 해왔다면 1일 4포스팅으로, 1일 4포스팅이었다면 8포스팅으로 늘려보는 것이다.

내 블로그의 일 방문객 수는 최근 꾸준히 2만 명을 유지하고 있는데, 이에 한몫하는 것도 다포스팅 전략이다. 내 컨설팅을 받아 일 방문객 수가 단기간에 1만 명 이상으로 늘어나는 성과를 거둔 분들 또한 마찬가지다. 그분들의 공통점은 아무리 많이 해야 하루 세 개, 보통은 하루 한 개의 글만 올리는 수준이었는데 최소 2개월 이상의 기간 동안 그 서너 배 이상을 포스팅하니 바로 성과를 볼 수 있었다는 것이다. 그런가 하면 일 방문자 수가 100명도 채 안 되었으나 1일 10포스팅 이상을 이어가 그 수를 한두 달 만에 5000명, 1만 명으로 끌어올리며 블로그를 폭풍 성장시킨 분들도 있다.

이렇듯 다포스팅 전략은 방문자 수가 오르지 않아 체험단에 잘 선정되지도 않고 수익화 또한 어려운 분들이 적극적으로 취해볼 만하다. 다만 직장인이거나 육아에 신경 써야 하는 분들이라면 블로그에 투자할 시간이 현저히 부족하니, 앞서 설명했듯 챗GPT를 잘 활용하면 이 전략을 효과적으로 취해볼 수 있을 것이다.

2) 황금키워드 재선정

다포스팅 전략은 분명 블로그 성장에 많은 도움이 된다. 그러나 무엇보다 중요한 건 당연하게도 자기 체급에 맞는 키워드를 잘 선별해 글을 작성함으로써 그 글이 상위에 노출되는 기회를 높이는 것이다. 잘못된 키워드 선정은 이전보다 포스팅 양을 늘렸음에도 블로그가 성장하지 못하는 주된 이유일 가능성이 높다. 똑같은 정도로 부지런히, 또 열심히 노력하고 있다 해도 어떤 키워드를 고르느냐에 따라 블로그의 성장은 천차만별일 수 있다는 점을 다시 한번 강조하고 싶다.

자, 그렇다면 '나는 포스팅도 많이 하고 키워드도 깊이 고민하는데, 그럼에도 왜 내 블로그는 아직까지 박스권에 갇혀 있을까?' 하는 분들을 위해 두 번째 팁을 공개하겠다. 바로 '황금키워드 재선정'이다.

이를 위해서는 자신이 이전에 작성했던 글들을 날짜별로 쭉 나열한 뒤 조회 수가 가장 높았던 글들을 뽑아 엑셀에 정리해보는 과정이 필요하다. 평소에 올리는 글들의 조회 수는 100에도 미치지 못하는데 특정 키워드를 주제로 쓴 글들은 유독 500, 1000, 심지어 많게는 5000이나 1만 이상에까지 이르는 경우가 있다. 물론 글의 수가 많지 않다면 별 의미가 없을 수도 있다. 그러나 특정 시기에 이슈가 되어 잠깐 반짝했던 키워드가 아니라면, 그런 키워드는 바로 나만의 황금키워드일 가능성이 크다.

그러한 키워드의 최근 통계를 살펴봤는데 만약 조회 수가 10 이하거나 방문객 유입이 없는 상태라면 그 글의 제목과 내용, 사진을 바꿔 다시 작성하는 편이 좋다. 한 번 상위에 노출된 적이 있는 키워드

다른 글들보다 확연히 조회 수가 높은 글들을 찾고 그 키워드들을 정리해보자.

는 앞으로도 꾸준히 활용 가능한 황금키워드가 될 수 있기 때문이다.

내가 황금키워드로 삼은 것들은 수백 개에 이른다. 몇몇 예를 들자면 '카카오톡 PC버전', '쿠팡플레이 TV 연결', '아이폰 미러링', '금융인증서 발급 방법' 등이 있다. 나는 이 키워드들을 주제로 하는 글을 주기적으로 재작성해 블로그에 올려왔다. 일례로 카카오톡 PC버전 다운로드 방법을 설명하는 글은 무려 20번 이상 재발행했을 정도다. 시간이 흘러 글이 뒤로 밀릴 때마다 해당 내용을 재작성해 올리면서 꾸준히 노출되게끔 하고 있는 셈이다.

일 방문자 수가 줄어든다 싶을 때마다 이런 키워드의 글을 다시 써서 포스팅하면 일 방문자 수 1만 명 이상을 유지하는 것은 크게 어렵지 않다. 특히 정보성 키워드가 아닌 상업성 키워드, 즉 돈 되는 키워드를 황금키워드로 확보할 수 있다면 나처럼 블로그로 먹고 사는 것도 결코 불가능한 일이 아니다. 자신이 택한 분야의 주제로 포스팅을 지속하면서 주제 전문성을 높이고 키워드 지수를 쌓아가다 보면 어느 순간 조회 수가 폭발하는 자신만의 황금키워드를 반드시 갖게 될 수 있다.

따라서 황금키워드를 뽑아 꼭 엑셀에 정리해 저장하고, 해당 키워드의 글을 주기적으로 재작성해 올리는 루틴을 반드시 만들어야 한다. 다만 왕초보라면 포스팅 발행량 자체가 많지 않기 때문에 황금키워드를 아직 확보하지 못했을 확률이 높다. 그런 경우에는 우선 자기 블로그의 주제에 적합한 여러 키워드를 중심으로 글을 작성해 꾸준히 발행하는 데 집중하는 편이 좋다.

'카카오톡 pc'라는 황금키워드로 꾸준히 재작성해 내 블로그에 올린 글들.

3) 시즌성 키워드 활용

박스권을 벗어나는 세 번째 방법은 1년 동안 반복되는 시즌성 키워드들을 미리 준비해두고 그것을 주제로 하는 글을 써서 발행하는 것이다. 이를 위해서는 일반적인 키워드들을 '이슈성 키워드'와 '시즌성 키워드'로 좀 더 디테일하게 구분할 수 있어야 한다.

이슈성 키워드란 뉴스 특종이나 연예인 관련 사건처럼 화제성이 갑작스럽게 높아진 키워드를 지칭한다. 때문에 관련 이슈가 발생했을 때 즉각 블로그에 해당 키워드의 글을 올리면 방문객 유입을 폭발적으로 늘릴 수 있다.

하지만 이슈성 키워드의 단점은 관련 이슈가 사그라드는 즉시 블로그 방문자의 수도 급격히 줄어든다는 것, 다시 말해 단발성이라는 데 있다. 일례로 '재난지원금'이라는 키워드는 코로나19 시기에 엄청난 트래픽을 끌어들였으나 지금은 거의 관심조차 받지 못한다. 최근 정부 정책 시행에 힘입어 '민생지원금'이라는 키워드가 뜨고 있는 것 역시 일시적인 흐름으로 볼 수 있다. 그렇기에 매일 이슈성 키워드의 글을 발행하는 블로그를 운영할 계획이 아닌 분들에게는 이러한 키워드들의 활용을 권장하지 않는다.

이와 달리 시즌성 키워드는 매년 시즌마다 반복된다는 특성이 있다. 다음은 주제별로 나눠본 시즌성 키워드들이다.

- **봄의 주제별 시즌성 키워드**
  - 여행: 벚꽃여행, 봄꽃축제, 제주도, 캠핑, 당일치기 여행
  - 뷰티: 톤업크림, 수분크림, 봄 메이크업, 파스텔 네일, 자외선차단제
  - 패션: 트렌치코트, 원피스, 화사한 블라우스, 스니커즈, 캔버스백
  - 푸드: 딸기디저트, 봄나물, 냉이된장국, 봄철 제철 생선
  - IT: 신학기 노트북, 아이패드, 갤럭시 신제품, 블루투스 이어폰

- 자동차: 봄맞이 세차, 장거리 드라이브 코스, 타이어 점검
- 리빙: 봄 인테리어, 미니가전, 식물 인테리어, 봄 침구
- 육아: 어린이날 선물, 유아 자전거, 봄 소풍 용품
- 생활건강: 알레르기 비염, 춘곤증, 다이어트 시작, 봄철 피부관리
- 경제/비즈니스: 새학기 가계부, 창업 아이템, 1분기 투자전략
- 어학/교육: 신학기 영어공부법, 토익 접수, 자기계발 추천 도서

- **여름의 주제별 시즌성 키워드**
  - 여행: 바캉스, 해외여행, 휴양지, 호캉스, 계곡여행
  - 뷰티: 선크림, 워터프루프, 쿨링미스트, 여름 메이크업, 바디로션
  - 패션: 반팔티, 여름 원피스, 샌들, 수영복, 라탄가방
  - 푸드: 빙수, 냉면, 아이스커피, 맥주안주, 제철 과일(수박, 복숭아)
  - IT: 방수 스마트폰, 휴대용 선풍기, 여름 신상 가전
  - 자동차: 여름휴가 렌터카, 블랙박스, 자동차 에어컨 관리
  - 리빙: 써큘레이터, 여름침구, 제습기, 캠핑 용품
  - 육아: 키즈 물놀이 용품, 어린이 풀장, 여름 캠프
  - 생활건강: 모기퇴치, 열사병 예방, 여름 다이어트, 탈모관리
  - 경제/비즈니스: 여름휴가비 절약법, 주식 하반기 전략, 여름 특수상품
  - 어학/교육: 여름방학 영어캠프, 자기계발, 온라인 강의

- **가을의 시즌성 키워드**
  - 여행: 단풍여행, 캠핑, 국립공원, 한옥스테이, 가을 축제

- 뷰티: 버건디 립, 가을 메이크업, 보습크림, 가을 네일
- 패션: 니트, 가디건, 부츠, 체크셔츠, 트렌치코트
- 푸드: 전어, 대하구이, 밤·고구마 디저트, 와인, 전통주
- IT: 애플의 9월 신제품 발표, 가을 세일, 노트북 구매 시즌
- 자동차: 단풍 드라이브, 가을 타이어 교체, 차량 점검
- 리빙: 가을 인테리어, 따뜻한 조명, 러그, 홈카페 용품
- 육아: 추석 선물, 가을 운동회, 아이 간식, 독서 습관
- 생활건강: 환절기 감기, 면역력 강화, 독감 예방접종
- 경제/비즈니스: 추석 명절 소비, 블랙프라이데이 대비, 3분기 재테크
- 어학/교육: 2학기 시험 대비, 어학연수 준비, 취업 영어

• **겨울의 시즌성 키워드**
- 여행: 크리스마스 여행, 스키장, 겨울 해외여행, 온천여행
- 뷰티: 보습크림, 립밤, 핸드크림, 연말 파티 메이크업
- 패션: 패딩, 코트, 머플러, 장갑, 부츠
- 푸드: 붕어빵, 어묵, 겨울 제철 과일(딸기, 귤), 따뜻한 전골
- IT: 연말 세일, 전자제품 선물, 스마트워치, 난방 가전
- 자동차: 겨울철 타이어, 엔진오일, 배터리 점검, 눈길 운전
- 리빙: 전기장판, 가습기, 크리스마스 인테리어, 연말 파티용품
- 육아: 크리스마스 선물, 겨울방학 활동, 겨울방학 캠프
- 생활건강: 독감 예방, 피부 건조, 면역력 관리, 체온 유지
- 경제/비즈니스: 연말정산, 크리스마스 소비, 신년 준비, 투자 리밸런싱

- 어학/교육: 겨울방학 어학연수, 새해 자기계발, 신년 영어 목표

　이러한 시즌성 키워드들은 각각의 달에 따라 다르기에 '아이보스 마케팅 캘린더' 같은 곳에서 확인 후 달력에 미리 정리해두고, 해당 시즌이 돌아올 때마다 해당 키워드들을 주제로 글을 발행하는 루틴을 들이는 것이 좋다. 다만 경쟁 또한 치열하니 자기 블로그 체급에 맞는 연관 키워드를 잘 발굴해 포스팅하는 것이 핵심 포인트다.

　정리하자면 이슈성 키워드는 단발성이라 장기적 블로그 성장에는 한계가 있지만, 시즌성 키워드는 매년 반복적으로 등장하기 때문에 미리, 또 꾸준히 준비해두면 안정적인 유입과 수익화를 이끌어낼 수 있는 강력한 전략이 된다.

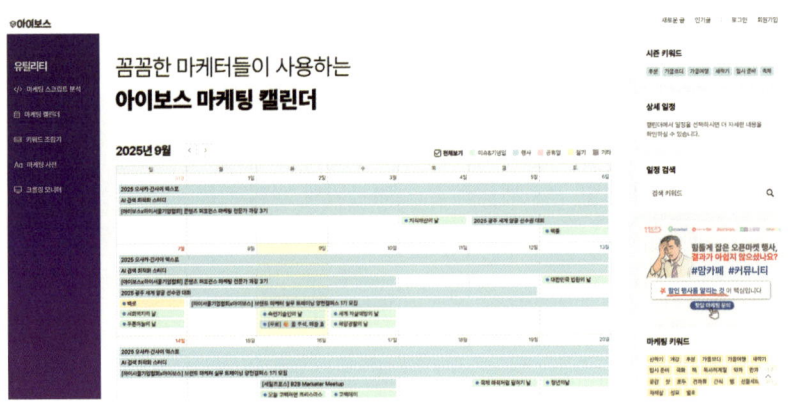

매월 반복되는 시즌성 키워드를 확인할 수 있는
아이보스 마케팅 캘린더(https://www.i-boss.co.kr/ab-marketing_calendar).

4) 스마트블록 시리즈 공략

박스권을 탈출할 수 있는 네 번째 방법은 '스마트블록 시리즈 공략'이다. 이미 알고 계시는 분들도 많겠지만 혹여 잘 모르시는 분들을 위해 조금 쉽게 설명하자면, '스마트블록'이란 사용자의 트렌드와 검색 의도에 맞는 키워드를 블록별로 랜덤하게 추천해주는 시스템이다.

네이버에서 특정 키워드로 검색을 하면 검색창 밑에 해당 키워드의 '인기주제'라는 블록이 뜨는 것을 확인할 수 있는데, 이것이 바로 스마트블록이다. 내가 입력한 특정 키워드와 관련해 함께 많이 검색되는 키워드들 중 알고리즘이 트렌드에 따라 자동으로 추천하는 것들이 이러한 스마트블록에 나타난다.

가령 '스레드'라는 키워드를 검색창에 입력하면 하단의 스마트블록에 '스레드 수정/스레드 수익/스레드검색/스레드추천/스레드 뜻/스레드 알고리즘/스레드 댓글/스레드 번호' 등의 키워드가 블록별

네이버에서 어떤 키워드 하나를 검색하면 하단에 '인기주제'라는 스마트블록이 뜬다.

로 나열된다. 앞쪽에 있는 키워드일수록 가장 많이 검색되는 키워드라고 이해하면 쉽다.

스마트블록이 생기기 전까지는 초보 블로거들이 소위 '고인물' 블로거나 이미 자리 잡은 인플루언서를 이기고 상위에 노출되기가 매우 어려웠다. 블로그의 운영 기간과 블로그 지수 면에서의 차이가 현저히 큰 탓이었다.

하지만 스마트블록 도입 이후에는 달라졌다. 트렌드 및 검색 의도에 맞는 적절한 키워드가 제목과 내용에 반영된 글이라면 블로그 지수와 무관하게 추천되는 구조로 바뀐 덕분이다. 블로그 지수가 낮은 블로거들에게 있어 이는 꽤 큰 기회임과 동시에 장점이 되기 때문에, 스마트블록 키워드만 시리즈별로 잘 공략해도 방문객 유입량을 상당히 늘릴 수 있다.

물론 이 역시 발 빠른 인플루언서나 상위 블로거들이 취하고 있는 전략이긴 하다. 그러나 초보 블로거들 중에는 이런 개념조차 생소하게 느끼는 분들이 적지 않으니, 스마트블록 키워드를 의도적으로 노리고 글을 작성해보는 것은 좋은 전략이다. 가령 '스레드'를 메인 주제로 정했다면, 그다음으로는 스마트블록에 뜨는 관련 키워드들을 중심으로 차례차례 시리즈 글을 발행하는 식이다. 이렇게 하면 각 블록별로 내 글이 노출될 확률이 상당히 높아지니 박스권 탈출에 효과적인 방법이 될 수 있다.

한 가지 팁을 드리자면 각 블록에 있는 키워드들 중에서도 여타 블로거가 최근 글들에서 사용하지 않은 것들, 즉 다뤄진 지 오래된 것들을 활용하는 것도 효과적이다. 네이버 블로그의 알고리즘에서는 '최신성 지수'를 굉장히 높게 반영하고, 그에 따라 최근 활용된 바가 없는 키워드를 중심으로 작성된 글은 사용자들에게 노출될 확률이 더 높아지기 때문이다.

5) 네이버 홈판 노출

마지막으로 최근 블로거들 사이에서 가장 이슈가 되고 있는 전략 중 하나는 '네이버 홈판 노출'이다. 네이버 모바일 앱에 뜨는 메인 피드 화면, 즉 네이버 앱을 켰을 때 보이는 '추천 콘텐츠' 화면이 바로 홈판이고, 여기에 노출되는 글은 상단에 '인기글' 혹은 '추천글'이라는 배지를 달고 수천, 수만 회의 조회 수를 만들어낸다는 특징이 있다.

여기에서의 중요한 포인트는 '홈판은 단순히 조회 수만 늘려주

네이버 모바일 화면에서는 네이버가 홈판에 밀어주는 인기 주제를 확인할 수 있다.

는 것이 아니다'라는 데 있다. 홈판에 노출된다는 건 광고주로 하여금 나를 알아보게 만드는 창구가 마련된다는 뜻이다. 실제로도 홈판에 한 번 뜬 이후 협찬, 광고 제안을 받는 블로거들이 많다.

다시 말해 지금의 네이버 시스템에서는 예전처럼 키워드를 노려 다포스팅을 하는 것만이 정답은 아닐 수도 있다는 뜻이다. 검색이 감소하고 홈피드 소비가 늘어난, 즉 '검색'보다 '피드'가 중요해진 만큼 이제는 이러한 변화의 흐름을 정확히 이해하고 대응 전략을 짜야 한다.

그런데 최근 블로그나 스레드 같은 커뮤니티를 보면 블로거들 사이에서 다음과 같은 말이 자주 나오는 것을 확인할 수 있다.

"홈판이 너무 이상해졌어요."

"왜 또 저런 글이 메인에 떠 있는 걸까요?"

"정성 들여 쓴 정보성 글은 다 묻히고, 캡처 글만 잘나가요"

이건 그저 개인적인 느낌에 그치는 것이 아니다. '연예인 이혼', '블라인드 캡처', '커뮤니티 짤방' 같은 자극적인 글들이 IT, 경제, 생활건강, 자기계발 같은 분야의 홈판 상단에 떠 있는 경우가 실제로 비일비재하기 때문이다.

문제는 그러한 글들의 구성이다. 내용은 없고 캡처 이미지 몇 장에 자극적인 제목, 그리고 단 몇 줄의 짧은 글만으로 노출된다는 것이다. 그럼에도 수십만의 조회 수, 수백 개의 공감을 받음은 물론 홈판에 노출된 덕에 하루 수백만 원의 애드포스트 수익을 거두었다는 인증까지 나오고 있는 것이 현실이다.

이런 현상이 발생하는 것은 바로 네이버 피드 알고리즘의 작동 방식 때문이다. 네이버 홈판은 단순히 글의 완성도만 평가하지 않고 클릭률, 체류 시간, 반응(공감, 댓글) 수 등 '숫자 기반의 행동 데이터'를 더 중시한다. 자극적인 주제 및 썸네일과 문장을 담은 글은 아무래도 사용자들의 클릭을 즉각 끌어모으기 마련인데, 클릭 수를 높이 평가하는 네이버 피드 알고리즘 탓에 그러한 글들이 더욱 노출되는 구조가 형성되는 것이다. 반면 정성껏 데이터를 모으고, 자신만의 경험을 녹이고, 자기 시선으로 글을 구성한 '진짜 콘텐츠'들의 경우에는 사용자들의 클릭 수 및 반응이 낮기 때문에 홈판 노출에서 불리해진다는 문제도 함께 발생한다.

그런데 최근 변화의 신호가 나타났다. 네이버 공식 운영팀은 가십성 콘텐츠에 대한 제재 강화를 핵심으로 하는 공식 공지를 올렸다. 요약하자면 1회 경고 후 반복 시에는 즉각 활동이 금지되고, 연예인 근황이나 블라인드 캡처, 이슈 선동에 해당하는 콘텐츠는 퇴출 대상이 될 것이라 한다. 이는 그저 단순한 정책 변경이 아니라, 네이버가 창작 생태계를 회복시키겠다는 의지를 보인 신호탄이라 할 수 있다.

그렇다면 어떤 글을 써야 네이버 홈판에 노출될 수 있을까? 무턱대고 키워드만 꽂아 넣거나 정보만 나열하는 방식이 더 이상 통하지 않으리란 점은 이제 여러분도 짐작할 수 있을 것이다. 다시 말해 네이버가 원하는 구조, 감정선, 반응 포인트에 맞춘 글을 써야 한다는 뜻이다.

다음은 네이버 홈판에 자주 노출되는 글들의 세 가지 공통점이 니 이것들을 염두에 두고 글을 작성해보는 것을 추천한다. 그러한 글을 꾸준히 써나가다 보면 여러분의 블로그는 그간 갇혀 있던 박스권을 벗어나 폭발적으로 성장할 수 있는 계기를 맞이할 것이다.

① 정보보다 경험, 감정이 있는 '이야기'

단순한 정보 전달은 이제 더 이상 매력을 발휘하지 못한다. 지금의 홈판에서는 정보뿐 아니라 '이야기'까지 갖춘 글이 주로 노출된다. 어떤 느낌인지 감이 잘 오지 않는다면 다음의 A와 B를 비교해보자.

- A: "이 제품은 용량이 크고 가성비가 좋아요."
- B: "퇴근하고 집에 와서 냉장고 문을 열자마자 쾅 떨어져 깨져버린 반찬통… 저는 그날 바로 제 모든 반찬통을 이 제품으로 바꿨습니다."

아마 A보다는 B의 이야기에 좀 더 관심이 가고 마음이 움직일 것이다. 이렇게 감정, 배경, 상황을 녹인 글은 읽는 이들로 하여금 자연히 그 글에 공감을 느끼며 오래 머무르게 만들고, 그렇게 길어진 체류 시간은 곧 홈판 노출로 이어진다.

② 상호작용(공감 + 댓글) 유도

네이버는 '반응 많은 글'을 더 오래 띄워준다. 공감, 댓글, 저장 등은 그저 단순한 숫자가 아니라 '읽는 이들과 연결되어 있다'는 신호다. "여러분도 저와 비슷한 상황을 겪은 적이 있으신가요?", "댓글로 경험 나눠주세요", "공감을 눌러주시면 큰 힘이 됩니다"와 같은 멘트 하나는 두 배 이상의 댓글 수는 물론 알고리즘에서의 유리한 평가로 이어진다.

③ 눈에 띄는 비주얼 요소 활용

홈판에서는 다른 어떤 것보다 시각적 요소가 사용자들의 눈에 먼저 들어온다. 그러니 대표 썸네일은 텍스트를 포함해 따로 제작하고, 본문에는 분위기 있고 고화질인 사진 두세 장 이상을 넣는 것이 좋다. 가능할 경우 짧은 영상까지 글에 넣으면 방문자들의 체류 시간을 늘리는 데 더욱 효과적이다.

4

블태기
극복 전략

지금까지 우리는 7단계 테크트리부터 AI를 활용한 포스팅, 이미지 제작 방법, 박스권 탈출 방법까지 수익화를 목표로 블로그를 빠르게 성장시킬 수 있는 다양한 스킬과 전략을 살펴봤다. 그런데 아무리 이러한 방법들을 잘 적용해 블로그를 운영한다 해도 어김없이 찾아오는 것이 있으니 바로 '블태기'다. 블태기란 '권태기'와 '블로그'의 합성어다.

블로그를 열심히 하다 어느 시점에 이르면 '과연 이 길이 맞는 걸까?', '좀 더 빠르게 수익화할 수 있는 다른 방법이 있지 않을까?' 하는 생각이 들게 된다. 혼란이 느껴지기 시작하는 것이다. 나 또한 마찬가지라서, 첫 블로그가 저품질 블로그가 되어버린 2014년에는 물론 블로그를 다시 시작한 5년 전에도 동일한 느낌을 경험했다.

이러한 블태기를 극복하는 데 필요한 것은 결국 '동기부여'가 아닌 '돈기부여'라는 게 내 생각이다. 최소한의 수익화(돈)를 통해 강제적으로라도 포스팅을 할 수밖에 없는 환경을 만들어두어야 하는 것이다.

초보들이 가장 쉽게 블태기를 극복할 수 있는 방법은 체험단 활동이다. 2단계 테크트리의 목표인 '일 방문자 수 최소 300명 이상'만 되어도 체험단 신청에 충분히 당첨될 수 있기 때문이다. 다시 말해 방문자 수가 아주 많지 않더라도, 또 블로그 운영 기간이 길지 않더라도 얼마든지 취해볼 만한 방법이라는 뜻이다.

체험단 활동은 블로그 운영에 필요한 원동력이 되어줄 수 있다. 주말에 외식을 하고 싶다면 맛집 체험단을, 머리를 하고 싶다면 헤어숍 체험단을 신청해보자. 물론 치약, 칫솔, 샴푸, 스킨, 로션, 육아용품 등 자신에게 필요한 생필품의 체험단을 택해도 좋다.

앞서 설명했듯 체험단 활동을 통해 한 달에 최소 30~40만 원 정도의 생활비는 절약할 수 있다. 그리고 바로 이 점이 블로그 운영을 지속적으로 이어나가게 하는 힘이 되어주는 덕에 블태기 극복에 효과적인 것이다. 그러니 독자 여러분도 블태기가 온다면 자기 블로그의 주제와 상관없이 다양한 체험단을 진행해보면서 최소한의 수익화를 실행해보기를 바란다.

다만 블로그의 일 방문자 수가 2000명을 넘으면 웬만한 체험단에는 잘 당첨되는 편이니, 그때부터는 되도록 자기 블로그의 주제와 일치하는 체험단을 위주로 신청해 활동하는 방향을 추천한다. 추후일 방문자 수가 1만 명 정도에 이르는 시기가 되면 그동안 진행했던 체험단 활동 리뷰가 블로그에 포트폴리오처럼 차곡차곡 쌓여 있을 것이고, 그러한 자료 덕에 광고나 협찬을 잘 받는 것이 가능해질 것이기 때문이다.

체험단 신청에 쉽게 당첨되고 싶다면 일단 모든 체험단 사이트에 가입해두는 것을 권장한다. 사실 체험단 사이트는 워낙 많고 가입 절차도 다소 번거롭기 때문에 아예 하루 날을 잡고 가입만 한다 해도 몇 시간이 걸릴 수 있다. 하지만 한 번 가입해놓으면 클릭 한 번으로 체험단 활동을 신청할 수 있고, 가끔 신청 글 작성을 요구하는 업체도 있긴 하지만 미리 작성해둔 양식만 복사해 붙이면 신청이 어렵지 않다. 국내 체험단 사이트 목록은 내가 운영 중인 카페 '새벽피플즈(https://cafe.naver.com/morningpiplz2/6)와 이 책의 41~42페이지에 정리해두었는데, 다음의 QR코드를 통해서도 확인할 수 있다.

위의 QR코드로 국내 체험단 리스트를 직접 확인해보자.

매일 오전 10시쯤이면 '레뷰'를 비롯한 각 체험단 사이트에 새로운 상품이 업데이트된다. 그래서 한때 나는 내가 가입해둔 모든 체험단 사이트를 돌아다니며 마치 쇼핑을 하듯 어떤 제품들이 올라와 있는지 둘러보고, 그중 마음에 드는 것이 있으면 '신청하기' 버튼을 클릭하는 과정을 하루 루틴처럼 반복하기도 했다.

며칠 지나면 당첨 소식이 문자를 통해 날아오는데, 간혹 동일한 제품의 체험단에 중복 당첨되어 난감해지는 경우도 있었다. 체험단 사이트는 워낙 많기 때문에, 아무리 방문자 수가 적은 블로거라 해도 경쟁 없이 100퍼센트 당첨되는 경우가 많다. 만약 너무 많은 체험단에 동시에 당첨되어 모든 리뷰를 진행하기 어려운 경우가 생긴다 해도, 해당 사이트에 연락해 당첨 취소를 요청하면 되니 걱정하지 말자.

그렇게 체험단 신청에 성공했다면, 해당 제품의 리뷰 글은 가능한 한 업체가 제시한 일정 및 가이드라인에 맞춰 블로그에 올리면 된다. 그다음 해당 URL을 복사해 체험단 사이트에서 붙여 넣으면 간단하게 체험단 활동을 완료할 수 있다.

회원 수가 가장 많고 좋은 제품 혹은 서비스의 체험단을 많이 진행하는 곳은 '레뷰'다. 다만 경쟁 또한 그만큼 굉장히 치열해, 방문자 수가 웬만큼 높거나 리뷰 퀄리티가 높은 경우가 아니라면 초보 블로거들은 당첨되기가 쉽지 않다. 그래도 맛집, 뷰티, 여행, 문화, 식품, 디지털 등 카테고리가 다양하니, 마음에 드는 제품이나 서비스가 보이면 클릭해서 신청해보자.

이렇게 다양한 제품의 체험단에 신청해 리뷰 활동을 지속해나가면 블로그 운영에 재미를 느끼며 블태기를 극복할 수 있다. 나아가 상업성 키워드과 관련된 포트폴리오도 쌓아나갈 수 있으니, 당첨된다면 사진과 글에 정성을 들여 리뷰를 작성하길 권장한다. 리뷰 퀄리티가 높을수록 체험단에 당첨될 확률도 올라가고, 추후 원고료 제안 건도 더욱 많이 받을 수 있으니 말이다.

5
포스팅용 사진 촬영 노하우

　앞에서 이야기했듯, 초보 블로거들은 최소 300명 이상의 일 방문자 수를 만들어놓으면 어렵지 않게 체험단에 당첨될 수 있다. 간혹 "저는 체험단을 신청해도 당첨이 잘 안 돼요" 같은 하소연을 하시는 분들이 있는데, 이런 경우라면 몇 가지 포인트를 체크해볼 필요가 있다. 블로그 방문자 수가 지나치게 적은 것은 아닌지, 주제와 잘 어울리는 홈페이지형 블로그의 느낌을 잘 구현해놓지 못한 것은 아닌지, 혹은 그동안 올렸던 제품 리뷰 글의 포트폴리오가 아직 충분히 쌓이지 않은 것인지 등을 말이다.

　더불어 한 가지 더 살펴볼 포인트가 있다. '리뷰 글에서 사용한 제품 사진의 퀄리티가 지나치게 낮은 것은 아닌가'가 바로 그것이다. 내게 컨설팅을 요청하신 분들 중에도 '일 방문자 수 1만 명을 달성했지만 원고료나 협업 제안이 들어오기는커녕 체험단에 당첨되기조차도 힘들다'는 내용의 고민을 토로하신 분이 계셨다. 그분께 컨설팅을 해드리는 과정에서 나는 그 원인이 되는 문제를 너무나 명확히 알 수 있었는데, 바로 사진 퀄리티가 상당히 낮다는 것이었다.

구체적인 예를 들자면 컴퓨터 방에서 제품 사진을 찍긴 했으나 뒤쪽으로는 지저분하게 널브러진 케이블, 아래쪽에는 누렇게 빛바랜 장판이 그대로 나타나 있었다. 그에 더해 사진의 구도는 비스듬한 탓에 어딘가 불안정해 보였고, 카메라 렌즈를 깨끗이 닦지 않고 찍어서인지 전체적으로 희뿌연 느낌까지 드는, 쉽게 말해 안 좋은 사진의 모든 요소들을 골고루 갖춘 예에 해당했다. 그분께 컨설팅을 해드리며 나는 다음과 같이 말했다.

"이런 퀄리티의 사진으로 계속 리뷰 글을 올리신다면 아무리 방문자 수를 높이고 포트폴리오를 쌓는다 해도, 광고주 입장에서는 협찬이나 원고료 관련 제안을 하고 싶은 마음이 뚝 떨어질 것 같아요."

'보기 좋은 떡이 먹기도 좋다'는 속담처럼, 광고주라면 누구든 자기 제품이 항상 예쁘고 고급스러워 보이길 바라며, 많은 사람들이 갖고 싶어 하게끔 만들기를 원하는 것이 당연하다. 순수 취미로 쓰는 솔직한 리뷰의 콘셉트라면 사진에 크게 신경 쓰지 않아도 상관없다. 하지만 적어도 블로그 수익화를 목표로 한다면 리뷰 글도 하나의 포트폴리오라는 생각으로 정갈하면서도 퀄리티 있는 사진과 함께 작성해야 한다. 그래야 추후에 제품 협찬을 비롯한 원고료 협업

제의를 많이 받을 수 있기 때문이다.

　나를 비롯해 협찬 또는 광고 제안을 많이 받는 소위 '사진 잘 찍는 블로거들'의 공통점이 있다. 제품 리뷰 하나에 들어가는 사진을 촬영하기 전에는 우선 주변부터 깔끔히 정리정돈하고, 배경이 되는 집 안의 모습도 사진에 예쁘게 나오게끔 주의를 기울인다.

　또한 만약 리뷰를 진행할 제품이 카메라라면 나는 직접 여행을 가서 해당 카메라로 찍은 사진, 혹은 지인이나 아내 등의 모델이 야외에서 그 카메라를 사용하는 모습을 찍어 리뷰 글에 포함시켰다. 집 안에서 리뷰를 해야 하는 제품일 경우에도 해당 제품의 사진뿐 아니라 나 혹은 아내가 그 제품을 활용 중인 모습의 사진까지 항상 리뷰 글에 넣었다. 만약 모델을 쓸 수 없는 상황이라면 삼각대에 카메라를 설치한 뒤 제품 시연 장면을 촬영했고, 동영상으로도 찍어 리뷰 글 중간중간에 삽입해 제품 활용 방법을 꼼꼼하게 보여주기도 했다.

맥주 기계 홍보를 위해 플레이팅까지 예쁘게 세팅해
블로그(https://blog.naver.com/flythfk2/222844503721)에 올린 사진.

물론 모든 블로거들의 환경이나 상황은 저마다 다르니 모두에게 이렇게 할 것을 강권할 수는 없다. 하지만 "공간이 협소해서", "집 안이 깔끔하지 않아서", "모델을 구하기 어려워서", "좋은 카메라가 없어서" 등의 이유로 아예 이러한 시도를 꿈꿔보지도 못한 분들이라면 한 번쯤은 생각을 바꿔보길 권한다. 쿠팡과 다이소에서 저렴한 인테리어 소품과 깔끔한 테이블을 세팅해 사진이나 동영상을 촬영해 리뷰 글을 작성하고 블로그에 올려보는 것이다.

실제로 내가 컨설팅해드린 분은 이런 방법을 통해 리뷰의 퀄리티를 이전과는 비교도 할 수 없이 높은 수준으로 올리는 데 성공했다. 이러한 노력은 읽는 이들에게 '이 리뷰 글의 퀄리티는 참 높네'라는 느낌으로 당연히 전해질 수밖에 없다.

그러니 단가가 저렴한 제품의 체험단에 당첨되어 리뷰를 진행하더라도 '어떻게 하면 제품이 깔끔하고 돋보이게 할 수 있을까'를 고민하고, 상황이 허락하는 한에서 최상의 사진이나 동영상을 찍어 첨부해보자. 그런 결과로 나온 퀄리티 높은 리뷰 글들은 차곡차곡 쌓여 여러분의 포트폴리오로 남을 뿐 아니라 블로그 방문객 수 증가, 체험단 당첨은 물론 협찬이나 원고료 제안들로까지 지속적으로 이어질 것이다.

6

광고주 메일 수집 및 역제안 방법

충분한 일 방문자 수, 전문성 있어 보이는 홈페이지형 블로그, 퀄리티 높은 사진들, 내가 다루는 주제와 일치하는 체험단 활동의 포트폴리오. 이런 요건들 모두를 충족했다면 앞서 말했듯 업체들로부터 협업이나 광고 등의 제안이 들어올 확률도 높아진다.

그러나 세상 일들이 모두 계획이나 예상에 맞춰 벌어지는 것은 아니라서, 때로는 그런 제안들을 전혀 받지 못하는 경우도 없지 않다. 이런 경우에는 자신이 직접 적절한 업체를 선택해 역제안을 하는 것도 효과적인 돌파구가 될 수 있다. 다음은 그러한 역제안을 위한 몇 가지 방법이다.

먼저 자신이 블로그 주제로 삼는 분야의 다른 블로그들 중 협찬이나 원고료 건을 많이 진행하는 곳들을 찾아보자. IT/테크 분야를 예로 들자면 나를 비롯한 상위권 인플루언서가 대상이 될 것이다.

그다음으로는 그러한 블로그들과 협업을 진행한 업체들의 리스트를 수집하자. 광고 혹은 협업 사실을 밝힌 블로그 글의 하단을 보면 해당 블로거와 협업을 진행한 업체의 스마트스토어 링크 혹은 홈페이지 주소가 기입되어 있을 텐데, 그곳에 직접 접속해보는 것이다.

나는 '베이직스'라는 업체로부터 노트북 홍보 광고를 몇 차례 받아 리뷰 글을 블로그에 올린 적이 있는데, 내 리뷰 글의 하단을 보면 그 상품으로 연결되는 구매링크가 포함되어 있다. 이 구매링크를 통해 베이직스의 스마트스토어에 들어간 뒤 해당 노트북의 상세페이지를 보면 상단에 '상세정보'라는 탭이 있다. 여기서 이 탭 하단의 'A/S 안내' 옆에 있는 '상세정보 확인'을 클릭하면 인증 절차를 거친 후 베이직스의 연락처나 이메일 주소를 확인할 수 있다.

스마트스토어에 있는 제품 상세페이지에서 '상세정보 확인'을 클릭하면(좌)
해당 업체의 연락처 혹은 이메일 주소를 볼 수 있다.(우)

한 가지 팁이 있다면 설사 전화번호를 입수하게 되더라도 역제안은 전화가 아닌 메일을 통해 연락하는 게 좋다는 것이다. 업체에서 직접적인 전화 연락을 부담스러워하는 경우가 많기 때문이다. 전화나 메일이 아닌 네이버 톡톡을 활용해보려는 분들도 있겠지만, 톡톡의 목적은 대개 고객과의 소통이라 홍보를 위한 연락을 톡톡으로 취하면 이 또한 불편해하는 업체가 많다. 그렇기에 내가 권장하는 역제안 방식은 이메일로 정중히 제안을 보내는 것이다. 다음은 그러한 제안 메일에 들어가야 하는 주 내용이다.

① 저는 _____ 주제의 블로그를 운영 중입니다.
② 그동안 리뷰를 진행한 제품들로는 _____, _____, _____ 등이 있습니다.
③ 현재 제 블로그의 일 방문자 수는 _____명 정도입니다.
④ 저는 귀사의 제품 _____에 관심이 있고, 리뷰는 _____원에 진행이 가능합니다.

②와 관련해서는 해당 리뷰 글의 링크를 함께 첨부하면 효과적이다. 또한 만약 역제안이 처음이라면 ④와 같이 비용을 제안하는 대신 우선은 해당 업체와의 신뢰 구축을 위해 제품 대여만 요청하는 것도 성공 확률을 높이는 방법이다.

물론 ①~④의 내용을 뼈대로 삼고 거기에 살을 붙이는 구체적인 멘트를 길게 쓸 수도 있고, 아예 포트폴리오처럼 제안서를 만들어

보내도 된다. 하지만 마케팅을 많이 하는 업체들은 대개 블로거 섭외 경험도 이미 많은 터라 메일만 읽은 뒤 역제안을 수락하는 경우가 많다.

실제로 나는 이 방법을 사용해 여러 건의 역제안을 성사시킨 바 있다. 또 수강생 중에서도 육아블로그를 운영 중인 부부가 있었는데 아이를 위한 육아용품이 필요해 맘에 드는 상품을 판매하는 업체 리스트를 뽑아 역제안 메일을 보내 해당 물품을 받은 사례들이 있었다. 업체 관계자나 마케팅 담당자 들은 블로거 섭외에 시간을 많이 쓰기 마련인데, 이렇게 블로거가 먼저 역제안을 보내면 오히려 고맙게 생각하는 경우도 많다고 한다.

그러니 여러분도 앞서 설명한 방법을 활용해 업체 메일을 수집한 다음 역제안을 시도해보길 추천한다. 이러한 시도를 많이 할수록 성공 확률은 높아질 테고, 성공하면 자신감은 물론 리뷰 포트폴리오를 한층 풍성하게 늘리는 기회도 얻을 수 있을 것이다.

7

저품질 블로그의
원인과 극복 방법

　블로그 운영에 있어 가장 조심해야 하는 것은 바로 저품질 블로그가 되지 않게 하는 것이다. 나는 과거 파워블로거에 선정될 정도로 블로그를 최적화해 운영했지만, 그러한 내 블로그조차도 앞서 밝혔듯 저품질 블로그로 전락한 뼈아픈 경험이 있다. 물론 그 경험은 내게 어떠한 이유로 저품질 블로그가 되는지, 그런 상황에 처하지 않으려면 어떤 사항들에 조심하며 블로그를 운영해야 하는지에 대해 그 누구보다도 많은 공부를 하게 만든 좋은 계기가 되어주었다.

　2025년은 네이버 블로그 탄생 20주년이 되는 해다. 그래서인지 저품질 블로그와 관련된 소위 '카더라' 정보 역시 참 많이 떠돌고 있는데, 이번 꼭지에서는 네이버에서 공식적으로 밝힌 내용과 내 개인적 경험을 토대로 저품질 블로그의 원인과 극복 방법을 설명해보고자 한다.

우선 '저품질 블로그가 된다'는 것은 블로그 운영자가 발행한 글들이 네이버의 그 어떤 검색 결과에서도 보이지 않거나 계속 누락되는 상태가 된다는 것을 의미한다. 혹여 노출이 된다 하더라도 검색 결과 리스트에서 최소 세 페이지 이후로 밀려버리기 십상이다. 따라서 아무리 양질의 글을 운영자가 작성한다 해도 해당 블로그의 방문자 수는 상승 곡선이 아닌, 롤러코스터처럼 푹 꺼지는 그래프를 그리며 폭망할 가능성이 크다.

자신의 블로그가 저품질 상태인지 아닌지 파악하는 방법으로는 두 가지가 있다. 첫 번째는 자신이 작성한 글의 제목 앞뒤에 따옴표를 붙여 검색해보는 방법이다. 이렇게 검색했는데 그 글이 전혀 노출되지 않는다면 해당 블로그는 저품질 상태에 있을 가능성이 높다. 혹 노출되어 있다 해도, 검색량이 매우 낮은 키워드로 작성한 글인데 검색 결과 리스트에서 한참 뒤로 밀려나 있다면 이 역시 저품질

> 작성한 블로그 글 제목에 따옴표를 붙이고 네이버에서 검색해보면 해당 글의 누락 여부를 알 수 있다.

블로그 상태임을 알려주는 신호라고 의심해볼 수 있다.

두 번째는 블로그 지수 확인이 가능한 사이트를 활용하는 방법이다. 블로그 지수를 파악할 수 있는 사이트로는 여럿이 있는데, 그중 무료 사용이 가능한 곳은 '블덱스'다.

블로그 지수에 대한 평가 기준은 각 사이트별로 조금씩 다르기 때문에 약간의 차이는 있지만, 여러 곳에서 확인해본 결과가 대체로 '저품질' 또는 '일반' 등급이라면 자기 블로그의 수준이 낮다는 의미로 받아들이는 편이 좋다. 초보 블로거 혹은 글을 많이 작성하지 않은 분들의 블로그 지수는 '준최2등급' 등으로 나올 수 있는데, 이는 막 시작한 블로거들에게 매겨지는 기본 등급이라 보면 된다.

그렇다면 블로그의 품질을 떨어뜨리는 원인들로는 어떤 것들이 있을까? 여기에는 크게 네 가지가 있는데, 하나씩 살펴보자.

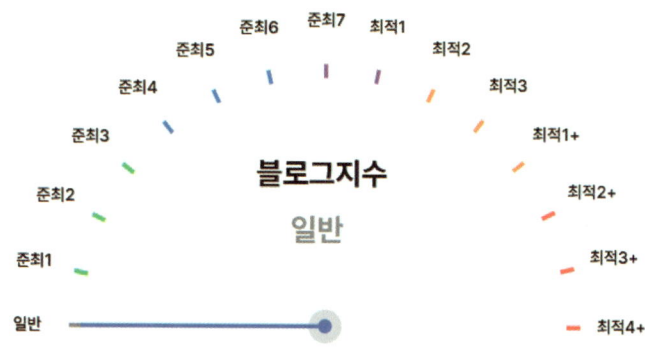

블덱스에서의 지수 '일반'은 저품질 블로그 상태임을 뜻한다.

1) 유사 문서, 유사 이미지

앞서 여러 차례 언급했지만 가장 조심해야 할 것은 바로 '유사 문서'와 '유사 이미지'다. 이 부분을 간과하고 다른 블로그나 사이트에 올라와 있는 글이나 사진을 그대로 복사해 자신의 블로그에 갖다 붙여 사용하면 당연히 저작권 침해 문제가 발생할 것이다.

그에 더해 네이버 알고리즘은 그러한 포스트를 '유사 문서' 또는 '유사 이미지'로 분류한다. 이렇게 분류된 글들이 계속 쌓이는 블로그는 비록 우리 눈에 보이진 않아도 마이너스 점수를 받기 마련이고, 결국엔 더 이상 노출되지 않는 저품질 블로그로 낙인찍혀버리니 반드시 조심해야 한다.

물론 한두 번의 그런 실수가 곧장 저품질 블로그라는 낙인으로 연결되는 것은 아니다. 때문에 간혹 자신도 모르게 타 블로거의 것과 비슷한 글 혹은 사진을 포스팅하는 경우가 발생하더라도 지나치게 걱정할 필요는 없다. 걱정된다고 굳이 포스팅을 지워버릴 필요 또한 없는데, 이는 글들을 대량으로 지우는 행위 자체가 오히려 블로그에 안 좋은 영향을 끼칠 수 있기 때문이다.

대신 앞으로는 그러한 실수를 반복하지 않도록, 자신이 직접 쓴 글과 직접 촬영한 사진을 블로그에 올리는 노력을 할 필요가 있다. 혹 뉴스를 비롯해 여타 블로거 또는 유튜버가 제공하는 정보를 참고해 글을 써야 하는 경우에도 최대한 자신만의 어투와 경험, 의견을 그 안에 담아 작성할 수 있다면 체류 시간이 점점 높아져 블로그 지수 상승과 방문자 상승 두 마리 토끼를 잡게 될 것이다.

2) 원고와 사진을 제공하는 '건 바이 건' 복붙 기자단

블로그 지수가 높아지고 일 방문자 수가 일정 수준까지 오르고 나면 쪽지나 댓글로 스팸성 메시지를 받는 경우가 많이 생긴다. 문구는 조금씩 다를지언정 그 내용은 대개 대동소이하다. 바로 '원고와 사진을 보내줄 테니 당신의 블로그에 그대로 올려주기만 하면 현금을 지급하겠다'는 것이다.

처음 이런 메시지를 받으면 대개 '이거 사기 아냐?' 하며 의심하고 무시하거나 스팸으로 처리해버리게 된다. 그런데 블로그가 돈이 안 된다고 느껴지며 블태기에 들어서는 시기에 이런 메시지를 받으면 유혹에 빠지기가 매우 쉽다. '정말 글만 올려주면 돈을 줄까? 밑져야 본전인데 한번 해봐?' 하는 호기심에 넘어가버리는 것이다.

가끔 그런 메시지를 내게 보여주며 "이건 광고나 협찬을 제안하

> @블로그로 용돈 벌기!
>
> 원고드리면 블로그에 복붙!건당 15,000~20,000원 (당일 지급)
>
> ☑ 초간단 포스팅 알바 모집 ☑
>
> 📌 포스팅 방법
>
> ✓ 사진 + 글 제공 → 복붙해서 업로드하면 끝!
>
> ✓ 원하는 원고만 선택 가능!
>
> 저품키워드는 절대 하지 않습니다.
>
> 궁금하시면 지금 바로 문의 주세요! 😊

소위 '건 바이 건' 복붙 기자단들이 보내는 쪽지/댓글의 전형적인 예.

는 걸까요?"라고 묻는 분들도 많다. 하지만 업체의 정상적인 광고 혹은 협찬 제안은 대개 '우리가 제품이나 서비스를 제공하면 우리의 가이드에 맞춰 직접 사진을 촬영하고 원고를 작성해달라'는 내용을 골자로 한다.

또한 대부분의 제안은 쪽지나 댓글이 아닌 메일로 이뤄지며 그 메일 안에는 해당 업체의 상호명, 주소, 홈페이지, 담당자 연락처 등의 정보가 함께 들어 있다. 이러한 메일을 받았다면 자신의 블로그가 정식 수익화 단계에 들어섰음을 의미하니 적극적으로 진행해보길 권장한다.

이와 달리 원고와 사진을 제공하며 포스트 발행을 부탁하는 소위 '건 바이 건' 복붙 기자단은 여러모로 위험하니 피하는 편이 좋다.

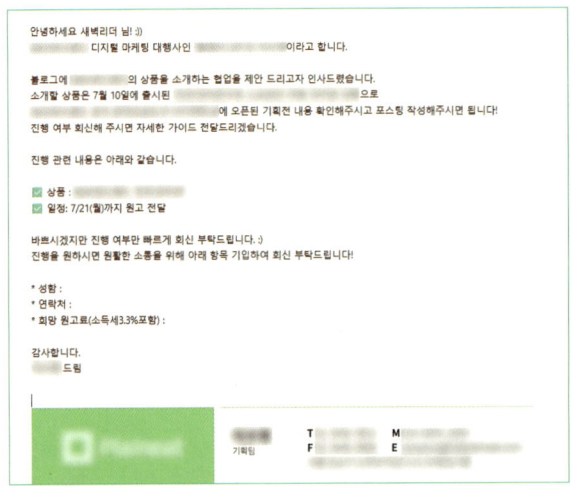

정상적으로 협업 혹은 원고료를 제안하는 메일의 예.

사실 이들과 손잡으면 처음에는 블로그에 큰 영향이 없는 데다 오히려 방문자 수가 일시적으로 증가하는 효과를 얻을 수도 있다. 그러나 이런 단기적 효과에 혹한 나머지 협업 관계를 지속해나가면 장기적으로는 결국 저품질 블로그로 전락하는 결과와 이어질 수밖에 없다. 왜 그런 것일까?

우선 이런 복붙 기자단은 대개 업체명조차 없는 영세한 마케팅 대행사일 가능성이 높다. 그리고 그들이 제공하는 원고 또한 대부분은 해당 제품이나 서비스를 제공하는 업체의 직원이 아닌, 마케팅 대행사에 고용된 프리랜서가 쓴 것일 경우가 많다.

문제는 그러한 '원고 알바생'들이 다른 곳에서 글을 복사해서 붙여 넣는 방식으로 글을 제작하는 경우가 상당히 많다는 것이다. 또한 복붙 기자단들은 자신들이 건네는 사진에 대해 "새로 촬영한 이미지"라며 블로거를 안심시키지만, 실제로는 비슷한 구도로 찍어 여러 사람에게 배포하는 수백 장의 사진 중 하나일 가능성이 매우 농후하다. 때문에 그들로부터 아무 생각 없이 받은 그런 사진이 포스팅된 블로그는 '유사 이미지를 사용하는 저품질 블로그'로 낙인찍힐 확률이 높으니 반드시 조심해야 한다.

최근에는 AI를 활용해 문서를 제작하는 업체가 늘어나 유사 문서 위험이 줄었다고들 한다. 그러나 이러한 업체들로부터 글을 받아 블로그에 포스팅하는 것은 이웃이나 검색을 통해 블로그를 방문한 사람들에게 자신의 양심을 파는 행위다. 자신이 가서 경험해보지도 않은 곳에 마치 직접 다녀온 듯한 내용으로 글을 써서 타인을 속이는 것이나 마찬가지기 때문이다.

3) 불법 키워드

네이버의 블로그상에서 직접 문제가 될 만한 키워드에 대해 네이버 공식 블로그 계정이 공지한 내용을 살펴보면 어떤 것들이 법률로 금지되어 있는 불법 정보들인지를 명확히 알 수 있다. '개인정보, 성인물, 범죄, 마약, 대포폰, 이미테이션 물품 등의 불법 제품 판매, 절도, 사기, 해킹, 불법 사이트 홍보까지 다수의 이용자에게 혐오감을 줄 수 있는 불법적 내용이 포함된 글은 검색 결과 노출에 제한될 수 있다'고 명시되어 있기 때문이다. 이러한 키워드를 포함한 글이 지속적으로 포스팅되는 블로그는 단순한 노출 제한에 그치지 않고 저품질 블로그로 전락할 가능성이 높다.

간혹 블로거가 자신의 사업장을 홍보하기 위해 개인정보를 블로그 글에 포함하는 경우도 종종 있다. 하지만 휴대폰 번호, 이름, 주소 등 특정 개인을 식별할 수 있는 정보가 포함될 경우에는 검색 결과에서의 노출이 제한될 수 있다고 네이버 블로그 관련 정책에 명시되어 있으니 무심코 개인정보를 게시하지 않도록 반드시 주의해야 한다. 만약 자신의 가게를 홍보하고 싶다면 연락처나 명함을 직접 공개하기보다는 '네이버 플레이스', 즉 지도 첨부 기능을 적극 활용하는 것이 훨씬 안전하고 효과적인 방법이다.

4) 광고법에 민감한 키워드

광고법상 민감한 키워드들도 블로그에서 사용하지 않도록 주의해야 한다. 금융, 대출, 개인회생, 보험, 다이어트, 건강기능식품, 병원, 의약품, 의료기기, 시력 보정용 안경, 콘택트렌즈, 전자담배, 주류 등이 그러한 키워드에 해당된다.

여기에서 언급되지 않은 그 외 키워드 중에도 광고법 위반에 해당될 만한 것들이 있으나, 그런 키워드를 글에 포함시켰다 해서 무조건 해당 블로그가 저품질로 이어지는 것은 아니니 완전히 배제할 필요까지는 없다. 실제로 나 역시 광고나 협찬 건을 진행하면서 앞서 나열한 키워드들 중 몇몇을 포스팅에 활용해 현금을 지급받은 경험이 많다.

다만 광고법에 민감한 키워드 및 주제 들이니 법적 문제와 연결되지 않도록 글 작성에는 항상 신중을 기해야 한다. 내 경우를 예로 들자면 전자담배, 콘택트렌즈, 의약품, 건강기능식품 등 협찬 건을 리뷰한 적이 있는데, 이러한 건들을 진행할 때에는 업체 측에서 '주관적 표현을 배제하고 사실에 입각한 팩트만 담으면 문제가 되지 않는다'고 설명하며 그와 관련된 상세 가이드를 제공해주었다. 블로거는 그 가이드를 따르며 글 하나하나를 세심히 신경 써서 작성해야 하고, 따라서 포스팅 난이도는 상당히 높은 편이라 할 수 있다.

이제 막 블로그를 시작한 초보 블로거라면 광고법에 민감한 키워드들에 대한 자신의 생각을 자유롭게 글로 풀어내기 어려울 뿐 아니라 글 작성 자체가 부담스러울 수밖에 없다. 또한 광고 심의 관련 문구를 포스팅 말미에 반드시 삽입해야 한다는 점도 지켜야 하기 때문에 초기에는 이런 키워드를 피하는 것을 추천한다.

그러나 블로그 운영 경험이 어느 정도 쌓였고 블로그 지수도 높아진 블로거들이라면 이러한 키워드들을 무조건 배제하기보다는 체험단 리뷰 글 혹은 광고 협찬 건을 하나둘 시도해보길 권한다. 광고법에 위배되지 않도록 신중하게 글을 작성하는 훈련을 하며 실력을 쌓아나간다면 여타 블로거들과 확실히 차별화되는 무기를 갖출 것이고, 이는 수익 극대화에 확실한 도움이 될 것이기 때문이다.

8
블로그 지수가 더 이상 중요하지 않은 이유

앞서 이야기했듯 '저품질 블로그'는 블로그 운영자들이 가장 두려워하는 단어 중 하나다. 블로그 수익화의 가장 기본이라 할 수 있는 검색 노출에 제한이 걸려 네이버의 그 어디에서도 자신의 글을 볼 수 없을 뿐 아니라 방문자 수도 더 이상 늘지 않기 때문이다. 이런 상황에서는 아무리 밑 빠진 독에 물 붓는 심정으로 글을 많이 작성해 포스팅해도 허무해질 수밖에 없다.

이와 관련해 정론으로 받아들여지던 지침은 '블로그가 저품질에 빠지면 그냥 미련 없이 버리고 새 블로그를 만들어야 한다'였다. 하지만 네이버는 알고리즘을 끊임없이 변화시키는 데다 검색 기반보다는 관심사 기반의 알고리즘을 더욱 밀어주는 추세에 있으니 이를 잘 활용할 필요도 있다.

앞서 설명했듯 네이버 모바일 홈 화면에서는 사용자의 나이, 성별, 관심사 등을 토대로 한 맞춤형 글이 무작위로 노출된다. 어떤 특정 글에 관심을 가질 법한 사용자들에게만 해당 글의 썸네일과 제목을 보여주고 그들의 클릭과 반응이 많으면 더 많은 사용자들에게 확산시키는 구조, 즉 '블로그 지수와는 전혀 무관한 구조'인 덕분이다.

이를 쉽게 말하자면, 유튜브와 인스타그램의 알고리즘을 네이버도 자사 모바일의 홈 화면에 적용하고 있는 것이라 할 수 있다. 따라서 이 홈 화면에 내 블로그의 글이 노출되면 폭발적인 방문객 유입을 기대할 수 있고, 그에 따라 저품질 블로그 상태에서도 벗어날 수 있다.

다음의 그래프는 내 수강생 중 한 명이 운영하는 블로그의 일일 방문객 수를 나타낸 것이다. 안타깝게 저품질 판정을 받은 블로그였으나 그분은 홈 화면 노출 방법을 활용했고, 덕분에 일일 방문객 수

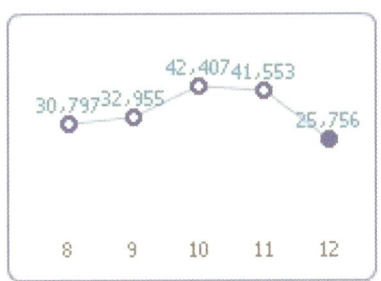

**내 수강생 중 한 명은 저품질 블로그임에도 홈판 노출을 통해
3만~4만 명의 일 방문자 수를 유지하고 있다.**

3만~4만 명을 달성하는 데 성공했다.

　이렇게 성공한 예가 또 하나 있다. 내 지인 중 한 명은 어렵게 네이버 인플루언서에 선정되었으나, 선정 직후 블로그가 저품질에 빠지는 일을 겪었다. 과거였다면 블로그를 버려야 할 위기 상황이었지만, 그는 포기하지 않고 홈 화면에 노출시키는 전략을 취하기로 결정했다.

　우선 그는 네이버 홈 화면에 뜨는 글들의 특징을 분석했고, 그 결과 시의성 있는 이슈 글들이 주로 노출된다는 사실을 발견했다. 이에 맞춰 그는 자신이 쓰는 글 제목의 스타일에 변화를 주기 시작했다. 단순 키워드 검색용 제목이 아닌, 사람들의 호기심을 자극하는 후킹형 제목을 활용한 것이다. 그 결과 글의 클릭률이 올라가며 블로그의 일 평균 방문자 수가 4만~6만 명까지 치솟았다.

　이는 하루 애드포스트 수익만으로도 20만~30만 원을 기록할 수 있는 수준이다. 한 달이면 웬만한 직장인 월급 이상의 수익을 기대해볼 수 있는 것이다. 물론 이 상태가 항상 유지된다는 보장은 없지만, 그럼에도 이는 네이버 생태계가 큰 변화를 맞이하는 중임을 보여주는 증거라 할 수 있다.

　실제로 네이버는 인스타그램 릴스나 유튜브 숏츠처럼 숏폼 콘텐츠를 위한 '네이버 클립'도 적극 밀고 있으며 '피드메이커', 즉 홈 화면에 어울릴 만한 블로거들을 발굴해 그들에게 계속해서 노출 기회를 부여하고 있다. 그러니 이제는 블로그 지수에 연연하거나 저품질 블로그가 될까 노심초사하기보다는 새로운 네이버 알고리즘에 맞춰 유연히 대응하며 블로그를 운영해나가길 추천한다.

9
숏폼과 네이버 클립, 또 하나의 수익화 파이프라인

블로그를 운영하다 보면 "이제 네이버 블로그는 예전만 못하다", "블로그는 지고 숏폼이 대세다"라는 이야기를 심심치 않게 듣곤 한다. 그러나 내 생각은 다르다. 유튜브 숏츠, 인스타 릴스, 틱톡 같은 숏폼 플랫폼이 전 세계적으로 엄청난 트래픽을 빨아들이고 있는 것은 사실이지만, 그렇다 해서 블로그를 아예 접어야 할 필요는 결코 없다. 내가 보기에 블로그는 여전히 사람들이 가장 쉽게 접근할 수 있고, 가장 빠르게 돈을 만들 수 있는 플랫폼이기 때문이다.

물론 한 가지는 꼭 짚고 넘어가야 한다. 하나의 플랫폼에만 의존하다 보면 그 플랫폼의 정책 변화나 저품질 같은 변수 앞에서 쉽게 흔들릴 수밖에 없다는 점이다. 실제로 얼마 전 네이버에서는 대규모의 '저품질 블로그 판정 사태'가 있었고, 그 결과로 많은 이들의 블로그가 저품질 블로그로 전락해 하루아침에 방문객 유입이 끊겨버리기도 했다. 결국 안정적 수익을 만들려면 '여러 개의 우물, 여러 개의 파이프라인'을 파둬야 한다는 이야기다.

나 역시 전업 블로거로 전향한 이후에는 블로그만 바라보지 않았다. 파이프라인을 늘리기 위해 새로운 시도를 했고, 그중 하나가 바로 유튜브 영상 제작이었다. 처음엔 단순히 나를 알리기 위한 목적에서였으나 그 영상들이 점점 많은 사람들에게 닿으면서 강의로, 더 나아가 지금 이 책을 출간할 수 있는 기회로까지 이어졌다. 블로그에서 시작된 작은 불씨가 유튜브, 강의, 출판으로 확장되면서 또 다른 파이프라인을 형성한 것이다.

물론 블로그 하나만으로도 수익화는 충분히 이룰 수 있다. 그러나 숏폼이나 유튜브 같은 새로운 채널을 적절히 곁들인다면 수익을 늘릴 수 있는 기회는 기하급수적으로 늘어난다. 그리고 이 다양한 파이프라인이 모여 장기적으로 훨씬 더 단단한 기반을 만들어준다는 걸 나는 직접 경험으로 깨달았다.

그중에서 가장 눈에 띄는 파이프라인이 바로 숏폼이고, 네이버에서는 그것을 '네이버 클립'이라는 서비스로 밀어주고 있다. 요즘 네이버 홈의 피드를 보면 블로그 글과 함께 클립 영상이 나란히 노출되는 경우가 많다. 글만 쓰는 블로거보다는 글과 영상을 함께 다루는 블로거가 노출 기회를 더 많이 얻는 구조가 된 것이다.

그렇다 해서 "앞으로는 숏폼만 해야 한다"고 주장하려는 것은 아

네이버의 숏폼, '네이버 클립'.

니다. 숏폼은 블로그를 대체하는 수단이 아니라 블로그와 함께 운영할 때 시너지를 내는 수단이다. 글이 깊이 있는 정보를 담아 독자들의 신뢰를 쌓는 역할을 한다면, 숏폼은 홈피드에서 빠르게 눈길을 끌어주는 역할을 한다. 따라서 이 둘의 운영을 병행하면 우선 짧은 영상으로 사람들의 시선을 끌고, 뒤이어 그들을 블로그 글로 유입시키는 트래픽 구조를 만들 수 있다.

숏폼 병행을 고려해야 하는 이유

블로그와 함께 숏폼 운용까지 병행하는 것이 좋은 이유들은 다음과 같이 정리할 수 있다.

① 홈피드 최적화: 네이버는 점점 관심사 기반 추천 알고리즘을 강화하고 있

다. 이때 글뿐 아니라 클립 영상까지 함께 뜰 수 있어 노출 기회가 두 배로 늘어난다.

② 새로운 유입 경로 확보: 숏폼은 빠르게 소비되지만 파급력이 크다. 숏폼에서 사람들이 하는 클릭 한 번은 블로그로의 유입까지 이어질 수 있다.

③ 수익화 다변화: 블로그 애드포스트, 체험단, 광고 협찬뿐 아니라 네이버 클립 자체도 새로운 수익화 창구가 될 수 있다.

④ 원소스 멀티유즈(OSMU): 숏폼용 영상 하나를 제작하면 네이버 클립뿐 아니라 유튜브 숏츠, 인스타 릴스, 틱톡에서도 그대로 활용할 수 있다. 즉, 하나의 영상으로 여러 개의 채널을 동시에 성장시키는 구조를 만들 수 있는 것이다. 블로그 글이 장기적으로 유입을 끌어오는 기둥이라면, 숏폼은 동일 자원을 투입해 다채널에서 성과를 확장할 수 있는 배수 효과를 갖는 셈이다.

물론 숏폼이 무조건 정답은 아니다. 영상의 제작과 편집은 짧지 않은 시간이 요구되는 작업이고, 하루에 별도로 많은 시간을 할애하기 어려운 직장인의 경우엔 부업으로 접근하기 힘들다는 어려움도 분명 있기 때문이다. 그러나 블로그 운영이라는 안정된 뿌리를 만든 상태에 더해 숏폼이라는 새로운 줄기까지 뻗어둔다면 훗날 큰 차이를 만들어낼 수 있을 것이다.

10
퍼스널 브랜딩, 블로그에서도 중요하다

어떤 면에서 보자면 블로그 운영은 퍼스널 브랜딩의 기초가 되는 작업이라고도 할 수 있다. 블로그에 올리는 글이 늘어나고 방문자 수가 증가하면 그에 따라 자연스럽게 운영자의 성장 과정이 드러나고, 이것이 퍼스널 브랜딩으로 이어지기 때문이다.

많은 이들이 '블로그는 정보성 글만 잘 작성해도 충분히 성장할 수 있다'고 생각한다. 물론 정보성 글을 올리는 것만으로도 일 방문자 수 100명 수준의 블로그를 1000명, 5000명, 1만 명으로 키워내는 건 가능하다. 그 과정에서 체험단을 경험하고 원고료를 받으며 최소한의 수익화를 할 수도 있다. 그러나 중요한 점은 블로그의 성장 과정 자체가 이미 하나의 스토리이자 브랜딩이 된다는 사실이다.

그래서 가끔은 블로그 성장 과정, 시행착오, 앞으로의 목표 등을 기록으로 남겨두는 '브랜딩 글쓰기'가 필요하다. 이를 통해 독자들에게 단순한 정보 전달을 넘어 운영자의 스토리를 들려줄 수 있고, 그들과 신뢰와 공감을 형성해나갈 수 있기 때문이다.

브랜딩 글쓰기, 어떻게 시작해야 할까

브랜딩 글쓰기의 시작 방법은 간단하다. 우선 '블로그 히스토리'와 같은 카테고리를 개설하고 다음과 같은 주제를 기록해두는 것이다.

- 블로그를 시작하게 된 계기
- 방문자 수가 성장한 과정
- 블로그 지수의 변화
- 첫 체험단, 첫 원고료 경험
- 앞으로의 목표와 계획

이러한 글들은 사실 검색 유입을 직접적으로 끌어들이는 데 별 도움이 되지 않는다. 그러나 꾸준히 블로그를 방문하는 이웃들에게는 강력한 공감 요소가 될 뿐 아니라 응원의 댓글과 진정성 있는 관계를 만들어내는 힘도 된다. 결국 정보성 글은 방문자를, 브랜딩 글은 팬을 만들어내는 도구라 할 수 있다.

경제 인플루언서 블로거 '킴찹'님은 브랜딩 글쓰기를 효과적으로 활용한 대표적인 사례다. 그녀의 블로그에는 블로그를 시작하게 된 계기부터 성장 과정, 수익화 경험까지 상세히 기록되어 있다. 이러한 히스토리를 통해 그분은 충성도 높은 팬층을 확보함은 물론 유튜브나 외부 플랫폼에 의존하지 않고 블로그만으로 강의를 열어 수강생을 모집할 수 있었다.

나 역시 강의를 진행하며 킴찹님에게 미니 특강을 요청한 적이 있다. 그녀의 경험담은 수강생들에게 실질적 인사이트를 제공했고, 정보성 글만으로는 결코 얻을 수 없는 또 다른 가치를 갖는다는 걸 알 수 있었다.

블로그 운영에서 정보성 글은 성장의 동력이고, 브랜딩 글은 그 성장을 오래도록 지속시키는 힘이다. 이 두 가지가 균형을 이룰 때 블로그는 단순한 정보 채널을 넘어 운영자 자체를 하나의 브랜드로 만들어준다. 따라서 블로그 운영 과정에서는 정보성 글쓰기와 함께 브랜딩 글쓰기를 반드시 병행할 필요가 있다.

1) 전자책 제작 및 발행하기

지식창업도 효과적인 퍼스널 브랜딩 도구 중 하나다. 지식창업은 자신이 알고 있는 내용을 체계화하여 전자책·강의·영상 등의 형태로 전달하고, 이를 통해 수강생이나 독자를 확보함으로써 또 하나의 수익 구조를 만드는 방식이다. 그리고 블로그 운영자라는 입장에서 가장 유용할 지식창업 수단이 바로 전자책 발행이다.

우리는 블로그라는 플랫폼에 글을 쓰는 사람들이다. 따라서 전자책 발행은 다른 어떤 방식보다 가장 쉽게 접근할 수 있는 지식창업의 출발점이다. 블로그에 쌓아온 글과 경험을 기반으로 목차를 만들고, 그 목차에 맞춰 하루에 한 꼭지씩만 채워나가도 어느새 하나의 전자책이 완성된다.

처음부터 완성된 결과물을 목표로 삼으면 부담이 크다. 그러니 목차를 먼저 작성하고, 그 목차를 차근차근 글로 채워가는 방식을 추천한다. 이 과정은 단순히 글을 쓰는 행위를 넘어 자신의 경험과 인사이트를 정리하는 훈련이기도 하고, 동시에 향후 강의나 다른 콘텐츠 제작의 기초를 다지는 과정이기도 하다.

최근에는 AI 도구의 활용도 큰 도움이 된다. 예를 들어 챗GPT에게 "블로그 수익화 방법에 대한 전자책 목차를 만들어줘"라고 지시하면 꽤 그럴듯한 틀을 곧바로 내놓는다. 물론 그 틀을 그대로 사용하기보다는 자신이 블로그 운영 과정에서 쌓은 실제 경험과 인사이트를 더해 내용을 보완해야 한다. 이렇게 하면 누구나 충분히 완성도 있는 전자책을 만들어낼 수 있다.

블로그 운영을 그저 하루하루 글 올리는 작업이라는 시각에서만 접근하면 결국 지쳐 포기할 가능성이 크다. 하지만 전자책 발행과 같은 새로운 도전을 목표로 하면 블로그는 단순한 기록 공간이 아니라 하나의 지식자산을 축적하는 플랫폼이 된다. 그러니 '이왕 시작한 블로그 운영이니만큼 언젠가는 이 블로그로 먹고 살겠다'는 각오로 임해야 한다. 그 과정에서 전자책은 가장 쉽고 현실적인 첫 번째 지식창업 모델이 될 수 있다.

2) 블로그에 1:1 컨설팅 모집 글 올려보기

블로그에 일정 기간 이상 동안 꾸준히 글을 올리고 수익화를 경험하다 보면 어느 시기부터는 자연스레 '블로그 초보'가 아닌 '블로그 중수'의 자리에 서게 된다. 그저 블로그에 글을 쓰는 사람을 넘어 '다른 이들에게 도움을 줄 수 있는 사람'이 되는 것이다.

이 단계에서의 가장 큰 자산은 자신의 경험과 인사이트다. 블로그의 수익화 및 성장 과정을 몸소 겪으며 쌓아온 시행착오와 깨달음은 이제 막 시작한 사람들에게 매우 귀중한 지침이 된다. 많은 사람들이 간과하지만, 고수보다는 중수나 초보가 왕초보를 가르칠 때 오히려 더 큰 공감과 설득력이 생겨날 수 있다. 고수가 되고 나서는 초보자 시절에 느꼈던 어려움들을 쉽게 잊어버리기 때문이다.

이렇게 자신의 지식과 경험을 글로 남기는 데 그치지 않고 다른 이들에게 가르치며 전달하는 과정을 해나가다 보면 그것들을 더욱 확실하게 정리할 수 있다. 누군가에게 무언가를 설명하려면 그에 대한 내 머릿속 지식의 흐름을 구조화해야 하는데, 그 과정에서 자신이 부족했던 부분을 발견해 보완할 수 있기 때문이다.

또한 1:1 컨설팅 진행 중 상대가 던지는 질문에서 자신이 미처 생각치 못했던 새로운 인사이트를 발견하는 기회도 얻을 수 있다. 이러한 경험은 자신의 블로그 운영에도 피드백으로 작용해 긍정적 성장을 촉진한다.

처음부터 유료 컨설팅을 진행하는 것이 부담스럽다면 무료로 시작해보는 것도 좋다. 블로그에 '1:1 무료 컨설팅 모집' 글을 올려놓고 관심 있는 사람들이 신청하게 하는 것이다. 컨설팅은 온라인 줌, 전화, 1:1 채팅, 혹은 가까운 거리에 있다면 오프라인 만남 등 다양한 형태로 진행할 수 있다.

무료로 시작하더라도 그 경험은 곧 나에게 자산이 된다. 무료 컨설팅 경험이 점차 쌓이며 커리큘럼이 다듬어진 뒤에는 자연스럽게 소액의 유료 컨설팅으로 전환할 수도 있다. 중요한 것은 자신의 경험과 인사이트를 누군가에게 직접 전달해본다는 사실 그 자체이니 망설이지 말고 시도해보자. 만약 모집 글을 어떻게 써야 할지 막막하다면 다음의 항목들을 참고하면 된다.

- 자기소개: 자신은 누구이고 어떤 주제로 블로그를 운영해왔는지 등
- 블로그 이력: 방문자 성장 과정, 애드포스트 수익, 원고료 경험 등
- 모집 대상: 일 방문자 수 100명 이하 블로거, 이제 막 시작한 블로거 등
- 커리큘럼: 내가 경험한 성장 과정을 기반으로 전달할 내용에 따라 구성
- 신청 기간: 컨설팅 신청을 받는 기한
- 컨설팅 날짜: 실제 컨설팅 진행 시기
- 컨설팅 형태: 온라인(줌, 채팅), 오프라인 등
- 신청 방법: 비밀댓글, 쪽지, 구글폼 등

이러한 내용들로 작성해 포스팅한 컨설팅 모집 글은 그것 자체로도 또 다른 브랜딩 글이 된다. '이 블로거는 이미 다른 이들을 가르칠 정도의 내공을 가진 사람'이라는 메시지를 자연스럽게 전달하기

때문이다. 이렇듯 1:1 컨설팅 모집 글을 올리는 것은 지식창업의 첫 걸음, 그리고 자신의 블로그를 단순 정보 제공 채널에서 전문가 채널로 한 단계 도약시키는 계기가 된다.

3) 정보나 지식을 무료로 나누고 스크랩을 활용하기

블로그에 1:1 컨설팅 모집 글을 작성했다면 이제는 그 글을 더 많은 사람들에게 확산시킬 방법이 무엇일지 고민해야 한다. 그저 글을 올려둔 채 손놓고 기다리다 보면 자칫 아무런 소득도 올리지 못할 수 있으니 말이다.

이때 활용할 수 있는 강력한 전략이 바로 스크랩 유도다. 블로그의 글은 자기 스스로 확산되는 데 한계가 있다. 하지만 다른 사람들이 내 글을 스크랩해 자신들의 블로그에 퍼가면 그 글은 더 넓은 독자층에 도달할 수 있다. 특히 스크랩과 함께 댓글, 공감이 쌓이기 시작하면 일종의 '군중심리'가 발동해 더 많은 사람들이 해당 모집 글에 관심을 갖게 된다.

그러니 1:1 컨설팅 모집 글에 "이 글을 스크랩하고 댓글에 URL을 남겨주시는 분들은 무료 컨설팅에 당첨될 확률이 높아집니다"와 같은 조건을 달아보자. 이 내용을 읽은 사람들은 자연스럽게 그 글을 스크랩해 갈 것이고, 그에 따라 내 모집 글은 마치 발이 달린 것처럼 여기저기로 확산될 것이다. 이상의 과정을 순서대로 간략히 정리하면 다음과 같다.

① 무료 1:1 컨설팅 모집 글 작성: 처음에는 가능한 한 무료 컨설팅으로 시작하는 편이 좋다. 진입장벽이 낮을수록 더 많은 사람이 관심을 보이기 때문이다.

② 스크랩 조건 제시: 글을 스크랩하고 URL을 댓글로 남기면 당첨 확률을 높여주겠다는 식으로 안내한다.

③ 공감·댓글 확산 유도: 댓글과 공감이 쌓이면 쌓일수록 더 많은 사람들이 참여하고 싶어 하고 그에 따라 군중심리가 자연스럽게 작동한다.

⑤ 유료 전환 타이밍 잡기: 무료로 시작해 경험과 커리큘럼이 쌓인 이후에는 유료 컨설팅 형태로 전환할 수 있다. 컨설팅 모집 글 자체의 신뢰도가 높아진 이 시기에는 신청자도 많아지고 그들의 만족도 또한 높아진다.

이 과정을 반복하다 보면 어느새 또 하나의 수익화 파이프라인이 생겨난다. 컨설팅을 통해 직접적 수익을 올릴 수 있을 뿐 아니라 내 블로그에 '지식을 나누는 공간'이라는 브랜딩도 함께 구축되는 덕분이다.

중요한 것은 정보를 나누고 경험을 공유하는 과정 자체가 내 블로그를 더욱 신뢰받는 채널로 브랜딩시켜준다는 사실이다. 별것 아닌 시도처럼 보이지만 이런 작은 퍼스널 브랜딩 전략이 장기적으로는 큰 차이를 만든다는 점을 잘 기억해둘 필요가 있다.

Part 3.

블로그의 '카더라' 관련 Q&A 총정리

블로그를 운영하다 보면 정말 많은 부분에서 고민과 질문이 생겨나게 된다. 머릿속에 질문이 떠오를 때 멘토가 정답을 곧바로 알려주면 좋겠다는 바람 또한 크기 마련이다. 그래서인지 나도 유튜브, 단톡방, 카페 등을 운영하면서 블로그와 관련해 수많은 질문을 받았는데, 그중 꽤 많은 것들은 예전에도 받은 바 있는 질문들이었다.

그래서 이번 파트에서는 그동안 많은 분들에게서 받았던 질문들을 모아 정리하고, 그에 대한 답을 해보았다. 물론 나의 답변이 100퍼센트 정답이라고 할 수는 없다. 하지만 블로그를 운영해온 수년 동안 수많은 시행착오를 경험한 끝에 내린 답이니, 이 책을 읽는 분들께 조금이나마 도움이 되기를 바란다.

질문과 답변은 대화체의 느낌을 살리기 위해 존댓말로 정리했다. 그리고 혹 이곳에서 다루지 않은 새로운 질문이 있다면 현재 내가 운영 중인 단톡방(https://open.kakao.com/o/gwEeuLCh)에 참여해 직접 물어봐주시기를 바란다.

Q. 블로그의 카테고리와 일치하지 않는 분야에서의 체험단 활동을 병행해도 괜찮을까요?

A. 블태기 극복을 위해서는 체험단에 적극적으로 도전해보는 것이 좋습니다. 그래야 리뷰 포트폴리오도 쌓이고, 최소한의 수익화를 통해 블로그에 재미를 느끼며 운영을 지속해나갈 수 있기 때문입니다.

'내 블로그의 카테고리와 맞지 않는 종류의 체험단에 신청해 활동하다 보면 내 블로그가 잡블로그로 전락하지 않을까' 하는 걱정 탓에 체험단 활동에 선뜻 도전하지 못하는 분들이 의외로 많습니다. 물론 본인 블로그 카테고리와 관련된 키워드들 위주로 글을 발행하는 것은 블로그의 전문성 지수를 높이는 데 분명 도움이 됩니다. 다만 이는 어디까지나 '블로그 운영을 지속할 수 있다'는 전제가 있을 때에만 해당하는 이야기입니다.

블로그 운영은 장기적인 마라톤과도 같습니다. 그러니 중간중간 찾아오는 블태기를 극복하고 싶다면 한 번씩 리프레시 차원에서 체험단 활동에 도전해보는 것을 권장합니다. 설령 블로그의 카테고리와 일치하지 않는 활동이라 해도 그것에 따르는 결과는 다른 카테고리에서의 지수가 오르는 것일 뿐, 자신의 블로그 지수가 깎이거나 하는 문제는 발생하지 않으니 걱정하지 않으셔도 됩니다.

그런데 블로그 콘텐츠가 체험단 활동에 따른 리뷰 글에만 치

우쳐 구성된다면 블로그의 방향성이 흐려질 수 있으니, 자신이 본래 잡은 카테고리의 콘텐츠와 적절히 섞어 운영하는 것이 좋습니다. 특히 "나는 맛집 탐방이나 체험단 활동도 적극적으로 해보고 싶다" 하시는 분들이라면 아예 맛집·체험단 전문 서브 블로그를 개설해 그쪽 위주로 운영하는 방법도 있습니다. 이렇게 하면 메인 블로그의 정체성을 유지하면서도 병행 운영이 가능하니까요. 다만 두 개 블로그의 동시 운영에는 시간적 부담이 따를 수밖에 없으니, 일단 메인 블로그의 수익화를 어느 정도 이뤄나가며 블로그 운영에 대한 감을 잡은 이후에 서브 블로그를 시작하는 것을 추천합니다.

Q. 예전에 운영하던 블로그가 있는데 그때는 잡다한 글을 많이 써서 블로그도 지저분해졌어요. 이런 상황에서는 새 블로그를 다시 만들어 운영하는 게 나을까요?

A. 굳이 새로운 계정에서 새롭게 시작하기보다는 기존 블로그의 카테고리만 정리한 후 그대로 운영하는 방향을 추천합니다. 기존에 쌓아둔 글이 많다면 블로그 지수가 어느 정도 높아져 있을 확률이 크고, 따라서 새롭게 계정을 생성하는 것보다 더욱 빠르게 성장할 수 있기 때문입니다.

Q. 리뷰 글을 쓰려면 해당 제품들 모두를 제가 직접 구입해야 하나요?

A. 상위 인플루언서들의 블로그를 살펴보면 각종 제품의 리뷰

글들이 참 많죠. 업체로부터 제품을 협찬받기 어려운 초보 블로거 입장에서 그런 블로그들을 보다 보면 이런 궁금증이 생겨나는 게 당연합니다.

하지만 초보 블로거들께 저는 오히려 제품 리뷰를 추천해드리지 않습니다. 리뷰 글이 아니더라도 '컴퓨터 포맷하는 법', '스마트폰 초기화하는 법' 등 사람들이 일상에서 궁금해할 만한 주제의 정보성 글을 작성하면 블로그에 유입되는 방문객 수를 늘릴 수 있으니까요.

이렇게 유입이 증가하면 관련 제품의 체험단에 신청할 시 당첨될 확률 또한 자연스럽게 올라갑니다(물론 자신이 직접 구입한 소위 '내돈내산' 제품에 대한 리뷰 글은 언제든지 작성해서 포스팅하는 것을 권장합니다). 그러니 체험단 활동을 하나둘씩 해나가며 제품 리뷰 글을 포트폴리오처럼 차곡차곡 쌓아보세요.

이런 과정을 통해 추후에 일 방문자 수 1만 명을 달성하고 나면 각종 업체로부터 광고와 협찬을 받을 기회가 열릴 것입니다. 또한 일정 수준 이상의 유의미한 유입이 형성되었다면, 그다음 단계로는 업체에 직접 역제안해서 제품을 대여받고 리뷰를 진행하는 방법도 충분히 고려해볼 만합니다.

Q. 블로그로 수익을 거두는 것은 몇 개월 정도 운영한 뒤에야 가능할까요?

A. 네이버 자체 광고인 애드포스트를 블로그에 달면 단기간 안

에 실제 현금성 수익을 낼 수 있으나, 그 액수는 그리 크지 않을 겁니다. 체험단 활동도 그 자체는 분명 수익의 일종이긴 하지만 현금성 수익은 아니기에 만족감을 느끼지 못하는 분들도 계실 것이라 생각합니다.

요즘은 챗GPT를 활용해 단기간 안에 블로그를 빠르게 성장시키는 분들이 정말 많습니다. 실제로 제 컨설팅을 받은 수강생들 중 2개월 만에 일 방문자 수 1만 명을 달성하는 등 괄목할 만한 성과를 거둔 분들도 매우 많았고요. 이는 다시 말해 블로그 운영으로 단기간 안에 수익을 거둘 가능성이 분명 존재한다는 뜻이기도 합니다.

그럼에도 우리가 기억해둬야 하는 점이 있습니다. 회사원들이 월급 10만 원 이상을 올리기 위해 1년을 고생하며 일해야 하듯, 블로그 수익화는 내 연봉의 상승을 위해 진행하는 하나의 장기적 프로젝트로 생각해야 한다는 게 그것입니다.

이러한 시각이 필요한 이유는 블로거들에게 이런저런 협업을 제안하는 업체들의 경우만 생각해봐도 이해할 수 있습니다. 그러한 제안을 블로거에게 보내기 이전에, 업체들은 해당 블로그가 과연 협업하기에 적절한 대상인지를 대행사들을 통해 체크합니다. 어느 정도의 기간에 걸쳐 포트폴리오가 쌓여왔는지, 블로그가 얼마나 충실히 운영되어왔는지를 점검하게 하는 것이지요.

그러니 처음에는 3개월, 그다음에는 6개월 하는 식으로 기간을 나눠 목표를 잡고 블로그를 운영해보세요. 그 기간 동안 몇 개의 글을 작성할 것인지, 유효 키워드는 몇 개까지 늘릴 것인지, 일 방문자 수는 어느 정도까지 올려볼 것인지 등의 단기 목표를 설정하고 그에 따라 블로그 운영을 해보는 것입니다. 이러한 과정을 밟으며 블로그를 차근차근 성장시켜가다 보면 나중에는 네이버 블로그라는 하나의 온라인 건물을 세우실 수 있을 겁니다.

Q. 업체에서 '우리가 제품과 사진을 제공할 테니 그대로 블로그에만 올려주면 돈을 주겠다'는 제안을 해왔는데, 이런 건을 진행해도 문제가 없을까요?

A. '기자단', '건 바이 건', '원고 알바' 등 명칭은 서로 다르지만 이 모두는 '우리가 제공하는 사진과 문서를 그대로 업로드만 해주면 즉시 현금을 지급하겠다'는 형태의 의뢰입니다. 그 대가로 제시하는 금액은 업체마다 제각각이지만 대개는 1만~5만 원 수준의 소액이고요. 아직 블로그 수익화에 성공하지 못한 분들의 입장에서는 이런 제안이 사실 굉장히 매력적으로 느껴질 수 있습니다. 쉽게 유혹될 수 있다는 뜻이지요.

하지만 저는 이런 건들을 되도록 진행하지 않는 편을 권장합니다. 유사 문서나 유사 이미지, 또는 광고법에 민감한 상업 키워드가 포함된 위험한 의뢰일 가능성이 높고, 머지않아 블로그에 부정적 영향을 미칠 확률이 크기 때문입니다.

그러니 혹시 하게 된다 해도 2~3주에 한 번 등 간격을 길게 유지하며 테스트 삼아 신중히 접근해보시기 바랍니다. 유사 문서와 유사 이미지가 글에 포함되지 않도록 반드시 주의해야 하는 것은 물론이고, 업체에서 제공하는 내용 그대로를 올리기보다는 글과 사진을 변형해 자신의 스타일로 재가공한 뒤 블로그에 게시하는 방식을 추천합니다.

Q. 기존에 작성했던 글들을 비공개하거나 삭제하면 저품질 블로그가 된다고 하는데 사실인가요?

A. 기존에 작성했던 글이 문제가 있거나 마음에 들지 않아 비공개 혹은 삭제를 하고 싶다면 하셔도 됩니다. 다만 한꺼번에 많은 양의 글에 그러한 처리를 하면 블로그에 좋지 않은 영향을 줄 수 있는 것은 사실이니, 정말 지우고 싶은 흑역사가 아닌 이상 글은 그대로 남겨두시는 편이 좋습니다.

Q. 포스팅할 때 사진이 없으면 안 올려도 되나요? 만약 올린다면 몇 장 정도 올리는 게 좋을까요?

A. 네이버 블로그를 운영하는 분들의 특징 중 하나는 사진을 글마다 하나씩, 최소 열 장 이상 배치하는 경향이 있다는 점입니다. 저 역시 IT/테크 주제로 블로그를 운영하다 보니 제품에 대한 상세한 리뷰를 위해 사진을 많이 넣는 편입니다.

하지만 정보성 글을 작성할 때는 정말 글에 꼭 필요한 사진이 아니라면 억지로 채워 넣는 것을 권장하지 않습니다. 내용에 맞는 이미지라면 다섯 장 이하라도 상위 노출에는 문제가 되지 않으며, 이미지를 찾는 데 너무 많은 시간을 소모하는 것도 추천드리지 않습니다. 이미지보다 중요한 것은 내가 작성하려는 글의 키워드가 내 블로그에 맞는 적정 키워드인지의 여부입니다. 요즘은 AI를 활용해 이미지를 제작하거나 활용하는 경우도 많은데, AI로 만든 이미지를 올린 후 우측 하단의 'AI 사용 설정'을 체크해두면 문제가 되거나 검색 누락이 되지 않으니 안심하고 사용하셔도 됩니다.

Q. 새롭게 블로그를 시작했는데 예전에 잠깐 운영했던 블로그가 최적화 블로그로 나오네요. 그럼 예전 블로그를 다시 운영하는 편이 좋을까요?

A. 우선은 그 블로그의 블로그 지수를 블덱스 같은 사이트에서 검색해보고, 검색 결과가 '최적화 블로그'로 나온다면 "유레카!"라고 외쳐주시기 바랍니다. 황금알 낳는 거위를 발견한 것이나 마찬가지인 셈이니까요. 이 책에서 알려드린 노하우를 적용해 그 블로그를 운영한다면 머지않아 월 100만 원이 아닌, 최소한 월급 이상의 수익을 거둘 수 있을 겁니다.

물론 최적화 블로그를 갖고 있다는 사실 하나만으로 수익이 절로 생겨나는 건 아닙니다. 월급 이상의 수익을 만들려는 노력이 반드시 동반되어야 하니까요. 최적화 블로그가 있음에

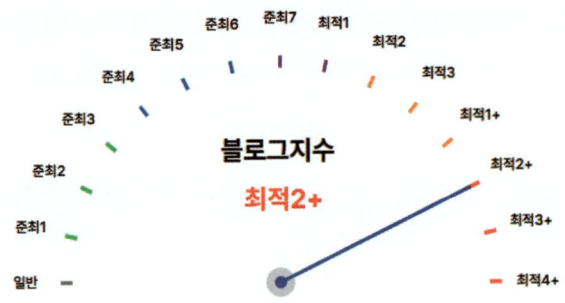

블덱스 기준 최적 1+ 부터 검색 유입에 유리해진다.

도 수익화에 성공하지 못하고 있는 분들은 실제로 많습니다. 반대로, 자신의 블로그가 저품질 상태에 빠졌다 해서 좌절하실 필요도 없습니다. 지수가 낮은 블로그의 글이라 해도 네이버 모바일의 홈 화면에서 반응을 일으킬 만한 좋은 콘텐츠라면 무작위로 띄워주게끔 알고리즘이 최근 달라졌기 때문입니다. 높은 지수가 검색 노출에 있어 유리한 것은 사실이지만 '블로그 지수가 깡패'라는 식의 이야기는 점점 옛말이 될 거라는 게 제 생각입니다.

Q. **블로그 글에서 맛집 키워드를 많이 사용하면 블로그에 문제가 될까요?**

A. 맛집 블로그 운영은 분명 초보 블로거들이 가장 쉽게 접근해 활용할 수 있는 생활비 절약 수단 중 하나일 것입니다. 하지만

사실 네이버는 맛집 키워드의 글을 지속적으로 발행하는 블로거들을 그리 선호하지 않습니다. 그래서 해당 블로그의 지수가 하락함은 물론, 맛집 키워드가 포함된 글들이 더 이상 노출되지 않는 스팸 필터링에 걸리기도 하지요.

그렇다면 왜 네이버는 맛집 키워드의 글들을 좋아하지 않는 것일까요? 바로 '맛집'이라는 키워드 자체가 네이버와 수익을 나눠야 하는 고단가 상업 키워드 중 하나이기 때문입니다. 맛집 탐방 전문 블로그들의 대부분이 방문자 수가 낮고 성장하지 못하는 이유 또한 이것이고요. 그러니 블로그 수익화에 대한 욕심이 있다면 자신의 전문성을 중심으로 하는 글을 주로 발행하고, 맛집 키워드를 다룬 글은 2~3주에 한 번 정도로 어느 정도의 간격을 두고 올리는 방향을 추천합니다.

혹시 맛집 전문 블로그를 서브 블로그로 운영한다 해도, 맛집 키워드만 지나치게 남발하다 보면 블로그의 성장이 더뎌질 위험이 있습니다. 이런 위험을 방지하려면 여타 체험단을 통한 리뷰 글이나 정보성 글 등을 맛집 관련 글과 섞어가며 발행하는 것이 좋습니다.

Q. 체험단 활동을 많이 하면 저품질 블로그가 된다고들 하던데 괜찮을까요?

A. 저는 그동안 1000건 이상에 이르는 체험단 활동을 했으나 그것을 이유로 제 블로그가 저품질에 빠졌던 적은 단 한 번도 없

었습니다. 아, 눈썹 문신 체험단 리뷰 글을 올렸다가 누군가로부터 신고를 받은 네이버가 강제로 제 글을 내린 적은 있었네요. 우리나라에서 문신은 불법 의료 행위에 해당하기 때문에 문신과 관련된 글도 비공개 처리가 된 것이었죠.

그러나 이런 경우는 지극히 드물고, 설사 비공개로 처리된다 해도 블로그에 직접적인 제재가 가해지거나 문제로 이어지지는 않습니다. 따라서 대출, 병원, 의료기기, 의약품 등 광고법에 민감한 키워드가 포함되지 않는 이상, '레뷰'나 '리뷰플레이스' 같은 체험단 사이트에서 진행하는 이벤트들은 그 수가 아무리 많다 해도 블로그 운영에 문제가 되지 않습니다.

그러니 블태기에 빠지면 저품질 블로그에 대한 걱정은 하지 마시고 다양한 체험단 활동을 병행하며 생활비를 아끼는 전략으로 편하게 접근해보세요. 다만 블로그의 일 방문자 수가 2000~1만 명 정도라면 자기 블로그의 전문 카테고리(제 경우라면 IT/테크겠지요)를 중심으로 체험단 활동을 선별해 진행해보시는 방향을 추천합니다.

Q. 체험단에 당첨되어 제품을 받았는데 제품이 진짜 별로예요. 그래도 돈을 벌기 위해 무조건 해야 할까요?

A. 체험단 활동은 대개 자신이 갖고 싶거나 필요로 하는 제품을 골라 신청하게 되지요. 그런데 이것저것 가리지 않고 무작위로 신청하다 보면 간혹 마음에 들지 않는 제품의 체험단에 당

첨되기도 합니다. 업체로부터 광고 제안을 받아 진행하기로 했는데 막상 제품을 받아보니 문제가 있다거나 정말 자기 마음에 들지 않는 제품일 경우도 종종 생기고요.

이러한 상황은 체험단 리뷰 글 혹은 광고를 맡긴 담당자와의 소통을 통해 충분히 해결해나갈 수 있습니다. "안녕하세요. 제가 받아보니 귀하의 제품/서비스에 이러저러한 문제점이 있는데, 리뷰(혹은 광고) 글에서 이런 부분을 솔직하게 써도 괜찮을까요?" 하는 식으로 담당자에게 먼저 문의해보는 것이죠.

물론 업체 입장에서는 리뷰나 광고 글을 좋게 써주길 바랄 것입니다. 그럼에도 이러한 내용으로 문의를 하면 '비방이나 비난 목적이 아니라면 약간 우회적으로 써주는 것이 좋겠다'고 요청해오는 경우가 많습니다. 예를 들어 '제가 사용해보니 이 제품/서비스에는 이러저러한 아쉬움이 있지만, 가격을 고려하면 어느 정도 감안할 수 있을 것 같다' 정도로 표현해주면 어떻겠냐는 식으로요.

하지만 '문제점에 대해 밝히는 것은 전혀 용납할 수 없다'고 하는 업체라면 정중히 사과한 뒤 "저는 이 건을 진행하기가 어려울 것 같습니다"라고 거절하는 편이 좋습니다. 그러니 우선은 솔직한 후기 작성에 대해 담당자와 조율 혹은 타협을 해보세요. 그런 조율이나 타협 뒤 리뷰 작성을 위해 제품/서비스를 자세히 살펴봤는데 그 수준이 지나치게 기대 이하라면 그때 가서 정중히 거절하셔도 아무 문제가 되지 않습니다.

Q. 저는 네이버 인플루언서를 목표로 하고 있어서 체험단 리뷰 글이나 상업성 글은 제 블로그에 전혀 안 올리고 있습니다. 이렇게 하는 게 맞는 걸까요?

A. 현재로서 네이버 인플루언서에 선정되기란 결코 쉬운 일이 아닙니다. 특히 네이버에서 바라는 네이버 인플루언서는 대개 두 유형 중 하나인 분들이 선정되는 추세에 있습니다. 하나는 유튜브나 인스타 등 여타 채널에서도 한 가지 주제로 영향력을 발휘하고 있는 '찐 인플루언서', 그리고 다른 하나는 상업성을 배제하고 순수하게 뾰족한 전문성을 무기로 블로그를 운영 중인 블로거입니다.

블로그 수익화라는 목적으로 블로그를 시작한 분들이 이러한 조건들을 만족시키기란 결코 쉽지 않습니다. 네이버 인플루언서가 되면 수익화 면에서 좀 더 유리해지는 건 사실이지요. 하지만 블로그 운영의 목적이 오직 네이버 인플루언서가 되는 것만이라면 십중팔구 '네이버 블로그는 역시 돈이 안 돼'라는 생각에 도중에 접어버릴 가능성이 큽니다.

네이버 인플루언서가 아님에도 블로그를 통해 웬만한 직장인 이상의 수익을 거두고 계신 분들은 정말 많습니다. 앞에서 제가 알려드린 방식들을 블로그 운영에 잘 적용하며 포기하지 않고 나아간다면, 수익화에 성공함은 물론 네이버 인플루언서의 기회까지 자연스럽게 찾아올 거라 믿어 의심치 않습니다.

Q. 체험단 업체에서 제공하는 위젯을 달면 체험단 선정 확률이 높아질까요?

A. 우리나라의 대표적인 체험단 업체들로는 레뷰, 링블, 리뷰플레이스, 다나와 등이 있는데, 이들은 자사 사이트 홍보를 위해 블로거들에게 위젯을 달게끔 유도하고 있습니다. 그런데 질문에 대한 답변부터 먼저 하자면, 그러한 위젯을 단다고 해서 체험단에 선정될 확률이 올라가는 것은 아닙니다. 광고주 입장에서 생각해보면, 광고의 최우선 목표는 해당 제품/서비스에 대한 실질적 홍보 효과일 것입니다. 따라서 방문자 수가 많고 자사 제품과 핏이 잘 맞는 블로거를 우선적으로 선정하고 싶어 하겠죠. 그런 블로거라면 위젯이 없어도 높은 확률로 선정됩니다.

체험단 업체 리뷰플레이스에서 제공하는 위젯.

그러니 체험단에 선정되고 싶다면 세 가지 기준을 중심으로 판단해보세요. '내 블로그의 일 방문자 수가 많은가?', '리뷰(사진, 글) 퀄리티가 충분히 높은가?', '내 블로그의 주제가 이 업체의 제품/서비스와 잘 맞는가?'가 그 기준들입니다. 이 세 가지를 충족하면 체험단에 선정될 확률도 자연스럽게 올라가니, 위젯 설치는 그리 중요한 요소가 아닙니다.

Q. 일 방문자 수 1만 명을 달성하기 위해 이슈성 글을 써도 되나요?

A. 이슈성 글은 방문자 수를 늘리는 데 분명 많은 도움이 됩니다. 하지만 그렇게 일 방문자 수 1만 명을 달성했다고 해서 그때부터 업체로부터 광고와 협찬 제안이 턱턱 들어오는 것은 아님을 인지해둘 필요가 있습니다. 앞서 반복적으로 이야기했듯, 업체 담당자들이 블로거를 섭외할 때에는 단순히 방문자 수만 보는 것이 아니라 해당 주제에 대한 글을 그간 얼마나 많이 쌓아왔는지, 또 그러한 리뷰의 글 및 사진 퀄리티가 얼마나 높은지를 종합적으로 판단하니까요.

다시 말해 이는 이슈성 글의 발행보다는 반드시 단계별로 포트폴리오를 쌓는 과정이 필요하다는 뜻입니다. 이슈성 글로 방문자 수를 반짝 끌어올릴 수는 있지만, 매일같이 그런 글을 쓰지 않는 이상 금세 원래 수준으로 돌아가기 마련입니다. 그러니 이슈성 글을 쓰는 데만 너무 목매지 마시고 방문자 유입을 오랫동안 유지시켜주는 유효 키워드를 늘리고 체험단 활동을 통해 리뷰 포트폴리오를 꾸준히 쌓아나가시길 바랍니다.

Q. 다포스팅을 할 때는 모든 글을 한 번에 업로드해야 하나요, 아니면 시간을 나누어서 올려야 하나요? 포스팅하기 좋은 시간대가 따로 있나요?

A. 동시에 여러 글을 포스팅하기보다는, 글 하나를 먼저 발행하고 얼마 뒤 해당 글이 몇 위에 노출되어 있는지를 파악해보는 과정이 굉장히 중요합니다. 내가 올린 블로그 글이 네이버 검색에 노출되기까지 걸리는 시간은 천차만별이지만 일반적으로 한 시간은 잡아야 합니다.

만약 다른 블로거들의 글에 내 글이 밀렸다면 내가 작성한 키워드의 검색량과 문서 수를 다시 파악해보세요. 더불어 상단에 있는 블로거들의 일 방문자 수, 글 구성, 키워드 배치 등을 꼼꼼히 분석해볼 필요도 있습니다. 그러니 다포스팅을 하려 한다면 최소 한 시간 이상의 간격을 두고 글들을 차례로 발행하며 이러한 과정들을 꼭 거쳐보시기 바랍니다.

Q. 저는 의사나 변호사가 아닌데, 그럼에도 건강/의학 또는 법률 관련 글 등을 블로그에 써도 될까요? 그런 글을 쓰는 특별한 방법이 혹시 따로 있나요?

A. 건강이나 의학, 법률 관련 글에는 본인의 주관이 들어가면 안 됩니다. 쓰는 이가 의사나 변호사라 해도 이는 마찬가지라서,

최대한 공식적이고 객관적인 내용을 바탕으로 정보 제공이라는 목적하에 글을 써야 하지요.

그러한 정보성 글을 쓰는 데 있어 가장 큰 도움이 되는 도구는 관련 책이라는 게 제 생각입니다. 책의 내용은 여타 블로그의 내용보다 아무래도 공신력을 갖기 마련이니, 여타 블로거들의 글을 참고하는 것보다는 훨씬 좋은 방법이 될 것입니다. 물론 책에 있는 내용 그대로를 복사해 붙이면 안 되겠죠. 책에서 자신만의 방식으로 키워드를 추출하고 서론-본론-결론의 순서에 입각해 최대한 자신의 인사이트가 담긴 글을 작성해보시기 바랍니다.

Q. 일 방문자 수 1만 명 이상이 되면 구체적으로 어디서 어떻게 돈을 벌 수 있는 건가요?

A. 내 블로그의 일 방문자 수가 1만 명을 넘는 순간, 그 정보가 업체 혹은 광고주 들에게 마치 알람처럼 곧바로 '띵동~'하고 울리는 시스템이 있다면 참 좋겠지요. 그들이 접촉해볼 만한 블로거 리스트에 내 이름도 자동적으로 오를 테니까요. 그러나 아쉽게도 그런 방식으로 광고주의 리스트에 오를 수는 없습니다.

광고 건을 함께 진행해보고 싶은 블로거가 있다면 업체 측에선 해당 블로거의 블로그를 직접 방문, 앞서 이야기했던 세 가지 기준(일 방문자 수, 그간 쌓은 포트폴리오, 글 및 사진의 퀄리티)

에 근거해 살펴봅니다. 방문자 수가 적더라도 글 및 사진의 퀄리티가 매우 높다면 광고를 맡기기도 하지만, 만약 일 방문자 수가 1만 명 근처나 이상인 블로그라면 해당 블로거를 아예 장기 섭외 리스트에 올려놓습니다. 이 리스트에 올랐다는 것은 해당 업체와 한 건의 광고만 진행하고 끝나는 게 아니라 앞으로도 지속적인 제안을 받아 함께 진행하게 될 가능성이 높다는 뜻이지요.

이는 앞으로도 안정적인 파이프라인을 가져갈 수 있다는 점에서 매우 중요한 변화입니다. 그러니 자신이 잡은 카테고리의 주제를 중심으로 하는 리뷰 글, 즉 상업적 키워드의 글을 꾸준히 발행해보세요. 단순히 정보성 글만 올리는 경우보다는 광고 혹은 협찬 제안의 기회를 많이 잡을 수 있을 것입니다. 제 컨설팅을 받는 분들에게 '체험단 활동을 통한 리뷰 글을 꾸준히 써서 발행하라'고 강조하는 이유 또한 이것입니다.

Q. 업체로부터 원고료를 지급받으려면 제 신분증 사본을 꼭 보내야 하나요?

A. 업체에서 광고 제안을 받고 내 블로그에 해당 광고를 업로드 하는 것까지 완료했다면 대개의 업체는 한 달 이내, 늦게는 석 달 이내에 원고료를 지급합니다. 이러한 지급 과정을 위해 업체 측에선 나의 신분증 및 통장의 사본을 요구하지요.

이를 꺼림칙하게 생각하는 분들도 많습니다만 이는 업체가 비용 지급 절차에서 반드시 필요로 하는 서류이기 때문에 보내줘야 합니다. 본인 명의가 아니어도 상관없고 가족이나 타인 명의의 계좌로도 원고료를 지급받을 수 있는데, 이때는 신분증상의 이름과 주민등록번호만 있으면 되기에 얼굴 등의 기타 정보는 가리고 보내도 무방합니다.

입금받는 사람이 개인 프리랜서라면 애초 업체와 이야기했던 원고료에서 원천세 3.3퍼센트(사업소득세 3퍼센트 + 지방소득세 0.3퍼센트)를 공제한 금액이 입금될 것입니다. 개인사업자라면 애초의 원고료에 부가세 10퍼센트가 별도로 붙은 금액을 입금받을 테고요. 가령 업체와 합의한 원고료가 10만 원이었다면 그것에 10퍼센트가 추가된 11만 원을 받는 것이죠. 다만 이경우에는 국세청에 세금계산서를 발행해야 하고, 부가세 신고 기간에는 별도로 받았던 10퍼센트의 금액을 정산해야 하는 등의 번거로움이 따릅니다. 자신의 상황에 맞는 지급 방식과 금액을 선택하시면 됩니다.

Q. 티스토리나 워드프레스가 꽤 돈이 된다고들 하던데, 네이버 블로그로도 그 정도 수익을 벌 수 있는 건가요?

A. 티스토리와 워드프레스로 큰돈을 벌고 있는 분들을 저도 실제로 많이 알고 있습니다. 본인이 선택하고 중간에 포기하지만 않는다면 어떤 플랫폼을 활용하든 충분히 많은 돈을 벌 수 있다는 게 제 생각입니다.

다만 티스토리나 워드프레스는 네이버 대비 폐쇄적인 경향이 강합니다. 바꿔 말하자면 네이버는 그 두 플랫폼보다 개방적인 경향이 강하다는 것이겠죠.

'나는 그냥 정보성 글로 수익화를 해보고 싶다'는 분들이라면 티스토리나 워드프레스를, '나는 업체로부터 제품과 협찬을 받아보고 싶고 다양한 체험단 활동 또한 병행하고 싶다'는 분들이라면 네이버 블로그를 선택하는 편이 좋습니다. 각 플랫폼의 장단점은 저마다 다르니 어느 쪽이 자신과 맞을지 고려해봐야겠지요.

그런가 하면 이들 플랫폼에서 여러 블로그를 동시에 성공적으로 운영하는 분들도 많습니다. 가령 네이버 블로그에서 끌어들인 방문객들을 티스토리나 워드프레스의 블로그로 유도하는 식이지요. 그러니 우선은 자신에게 보다 맞을 것 같은 플랫폼 하나에서 블로그 운영을 시작한 뒤, 추후에 '이제 내 역량상 해볼 만하겠다' 싶은 시기가 오면 타 플랫폼에도 블로그를 개설해 동시 운영에 도전해보는 것을 추천합니다.

Q. 더 큰 수익화를 위해선 다수의 블로그를 운영하는 것이 좋을까요?

A. 블로그 일 방문자 수가 1만 명 이상에 이르면 점차 많은 업체로부터 광고나 협찬 제안이 들어오는데, 그 모든 건들을 혼자 소화한다는 것만도 사실 상당히 벅찹니다. 그러니 블로그 두세 개를 성공적으로 운영한다는 것은 몸이 여러 개여야만 가

능한 일이겠지요.

네이버 블로그는 본인이 열심히 하는 만큼 수익을 벌 수 있는 구조입니다. 때문에 수익을 더욱 극대화하고 싶다면 블로그를 하나 더 개설할 것이 아니라 기존 블로그에 더 올인하는 편이 좋습니다. 실제로 제 컨설팅을 받고 수익화에 성공하신 분들 중에는 혼자 여러 블로그를 운영한 경우보다 부부 각자가 운영하던 블로그를 하나로 합쳐 올인한 경우의 분들이 더 많았습니다. 그러니 우선은 하나의 블로그로 어느 정도 안정적인 수익화를 만들어놓은 뒤, 이후 점차 다른 블로그도 늘려보는 방향을 추천합니다.

Q. 원고료 건을 높이기 위해 글쓰기에서는 어떤 것에 중점을 두셨나요? 특별한 노하우가 있나요?

A. IT/테크 분야에서의 글쓰기를 예로 들면, 광고와 협찬을 많이 받고 있는 상위권 블로거들의 블로그를 최대한 벤치마킹하려고 많이 노력했습니다. 그들은 리뷰 글을 어떻게 쓰고 또 사진을 어떻게 촬영하고 있는지 면밀히 분석한 뒤 제 글과 사진의 퀄리티도 그에 준하는 수준으로 올리기 위해 애썼어요. 그 덕분인지 제가 올리는 사진과 글의 퀄리티는 일 방문자 수가 2000명 정도였을 때에도 이미 충분히 높은 수준에 올라 있었다고 자부합니다.

그러나 그럼에도 광고나 협찬 제안이 많지는 않았고, 곰곰이 생각한 끝에 그 이유는 방문객 수가 적은 것밖에 없다는 결론을 얻었습니다. 그래서 그때부터는 방문자 수를 최대한 높이는 데 주력했지요. 이후 일 방문자 1만 명 이상을 달성하고 나니 그때부터 광고와 협찬 제안이 많이 들어왔고 원고료 수준 또한 높아졌습니다. 그러니 글 및 사진의 퀄리티와 방문자 수, 이 두 조건 모두를 충족시키기 위해 노력해보시는 것을 권합니다.

Q. 1일 1포스팅을 꾸준히 하는 게 좋을까요? 아니면 1일 다포스팅을 한꺼번에 하는 게 좋을까요?

A. 분명 다포스팅을 하면 블로그를 빠르게 성장시킬 수 있습니다. 다만 이를 일정하게 유지하는 게 가장 중요합니다. 매일 꾸준히 열 개의 글을 올리는 것이 불가능할 것 같다면 매일 세 개의 글을 예약 포스팅하시는 쪽을 추천합니다. 그래야 방문자 수가 떨어지지 않고 블로그가 성장해나갈 수 있으니까요. 다만 포스팅을 꾸준히 많이 한다고 해서 무조건 방문자 수가 오르는 게 아니고, 내 체급에 맞는 키워드의 글을 꾸준히 발행할 수 있어야 합니다. 어떤 글이든 검색 상단에 노출되지 않는다면 그 글은 발행하지 않은 것과 마찬가지라고 생각하시기 바랍니다. 블로그를 성장시키기 위해서는 내 체급에 맞는 키워드 발굴이 핵심입니다.

Q. IT/테크 외의 다른 귀족 카테고리로도 돈을 잘 버는 블로거들이 있는지 궁금합니다.

A. 제가 수익화를 못하고 있던 시절에 알게 되었던 블로거 한 분을 일례로 들 수 있겠네요. 펫/동물 카테고리의 블로그를 운영하는 고수 블로거였는데, 육아를 하면서 짬나는 시간을 활용해 운영하고 있었음에도 그분 블로그의 일 방문자 수는 3만 명가량에 달했습니다. 뿐만 아니라 다양한 광고와 협찬을 진행하면서 월 600만 원 이상의 수익화를 하고 있다는 그분의 이야기는 제게 큰 충격을 주었습니다.

또한 교육/어학 카테고리의 블로그인데 매일 세 편의 글을 올리고 일 방문자 수 4만~5만 명을 유지하며 매월 애드포스트 수익 400만 원과 광고·협찬 수익 400만 원 등 총 800만 원 이상의 수익을 거두는 분이 있다는 것도 알게 되었습니다. 블로그 수익화라고 하면 흔히 IT/테크, 뷰티, 패션, 푸드, 여행 등의 카테고리를 떠올리기 마련인데, 내가 미처 생각해보지 못한 카테고리에서 수익화에 성공한 블로거들을 보니 '블로그를 활용해 수익화하는 방법들은 정말 무궁무진하구나' 하는 생각이 들었지요.

네이버 홈판을 위시한 관심·추천 기반의 서비스가 강화된 최근에는 과거에 협찬이나 광고를 제안받기 어려웠던 스포츠, 방송/연예 카테고리도 각광받기 시작했습니다. 네이버 홈판에만 블로그 글을 노출시켜도 일 방문자가 수만에서 수십만,

많게는 100만 명 이상에 이를 수 있고, 그 결과 애드포스트 수익 또한 매월 몇 백만 원에서 몇 천만 원 이상 거두었음을 인증하는 분들도 나오고 있지요. 그러니 자신이 목표로 하는 것이 리뷰형 블로거와 이슈형 블로거 중 어느 쪽인지, 그리고 향후에도 꾸준히 할 수 있는 카테고리는 어떤 것일지 깊이 고민한 뒤 그에 따라 블로그를 운영해나가시기를 권합니다.

Q. 네이버 인플루언서에는 언제쯤 도전하는 게 좋을까요?

A. 이제 막 시작한 블로거도 네이버 인플루언서에 도전할 수는 있습니다. 다만 최소한의 조건은 우선 갖춰놓고 도전해보시는 편이 좋습니다. 보다 전문적인 느낌을 줄 수 있도록 홈페이지형 블로그 디자인을 선택하고, 카테고리를 깔끔히 정리해두며, 그에 더해 날카로운 전문성을 보여주는 글들을 꾸준히 발행하는 것 등의 세 박자를 갖춘 상태에서 블로그를 운영 중이라면 언제든 네이버 인플루언서에 도전해보셔도 좋을 것입니다.

다만 기대가 크면 실망도 큰 법이니, 선정에 대한 기대는 최대한 낮춘 상태에서 꾸준히 신청해보는 방향을 추천합니다. 하다 보면 언젠가 선정되는 날이 오지 않을까 생각합니다.

한 가지 덧붙여, 최근 네이버 인플루언서로 선정되는 블로거들은 대개 세밀한 주제를 다루는 분들이라는 점도 염두에 두시면 좋겠습니다. 예컨대 제 컨설팅을 받았던 한 분께서는 IT/

테크 인플루언서에 선정되기 위해 약 6개월가량을 마우스만 전문으로 리뷰하는 콘셉트를 유지했습니다. 고급 마우스와 저렴한 마우스 모두를 직접 구입해 리뷰 글을 올리고, 체험단도 마우스와 관련된 것들만 골라 신청하고, 정보성 글을 쓰더라도 마우스와 관련된 것만 작성하는 식이었지요.

또한 그렇게 자신의 콘셉트를 확실히 만들어가는 동안에는 마우스 외 다른 제품의 광고 제안이 들어와도 모조리 거절했습니다. 즉, 네이버 인플루언서에 선정되는 것은 그만큼 '당분간 수익화에 대한 부분은 포기한다'는 생각으로 임해야 가능한 일인 것이지요. 그러므로 그 정도의 마음가짐을 갖기가 어려운 분들이라면 네이버 인플루언서 선정보다는 수익화를 목표로 블로그 운영에 집중하시는 쪽을 권합니다.

Q. 1일 1포스팅을 세 번 정도 해봤는데 일 방문자 수가 한 명이에요. 제가 제대로 하고 있는 게 맞을까요?

A. 처음부터 내가 쓴 글이 검색 결과 리스트의 상단에 노출되면 얼마나 좋을까요? 유튜브에서라면 처음 올린 영상이 소위 '떡상'이 될 가능성이 있지만, 안타깝게도 네이버에는 이런 가능성이 존재하지 않습니다. 물론 네이버 홈판에 운 좋게 노출될 수야 있겠지만 그런 경우가 지속적으로 이어질 거라 기대하긴 어렵지요.

블로그 방문자 수를 늘리고 싶다면 마치 게임에서 레벨을 올릴 때처럼 차근차근 접근하셔야 합니다. 검색률이 낮은 키워드부터 공략해 유효 키워드를 하나씩 하나씩 쌓아나가야 한다는 뜻입니다.

무엇보다 글을 써서 블로그에 포스팅한 뒤에는 키워드로 검색할 시 그 글이 검색 결과 리스트의 상위에 잘 잘 노출되고 있는지를 항상 점검하셔야 합니다. 내가 방금 쓴 글이 전혀 보이지 않는다면 해당 키워드는 내 블로그의 체급보다 높은 레벨의 키워드라 판단하고, 좀 더 낮은 검색량의 키워드를 찾아 내 글을 작성하는 방향을 추천합니다.

Q. 저는 포스팅을 할 때 메모장이나 워드에서 작성한 글을 블로그에 복사해 붙여 넣는데 이건 블로그에 좋지 않은가요? 그보다는 블로그 내에서 글을 작성해 올리는 방식이 좋을까요?

A. "메모장이나 워드에서 작성한 글을 블로그에 붙여 넣으면 저품질 블로그가 된다"는 소문이 있지만 이는 잘못된 정보입니다. 앞서 이야기했듯이 저는 지금까지 업로드한 글 대부분을 'S메모'라는 메모장 프로그램에 미리 작성해둔 다음 그대로 블로그에 붙여 넣는 방식으로 운영해왔는데, 그럼에도 아무 문제 없이 지수는 잘 유지되고 있고 블로그 수준이 저품질로 하락한 적도 없으니까요.

물론 주의할 점은 있습니다. 다른 웹사이트에 있는 글을 그대로 복사해 붙여 넣는 경우에는 원문 출처가 그대로 따라오거나 메타태그 같은 찌꺼기 정보가 남을 수 있어 블로그 품질에 악영향을 줍니다. 따라서 글은 반드시 자신이 직접 작성한 텍스트로 준비하고, 블로그에 붙여 넣을 때에는 불필요한 HTML 태그나 코드가 남지 않도록 주의하셔야 합니다.

Q. 쿠팡파트너스의 링크를 글에 포함시키면 저품질 블로그가 된다던데 괜찮을까요?

A. 네이버는 확실히 쿠팡파트너스 링크를 그리 좋아하지 않습니다. 쿠팡파트너스가 처음 도입되었을 당시에는 링크 누락과 같은 현상이 발생하지 않아 블로거들이 어마어마한 수익을 올릴 수 있었지요. 하지만 프로그램을 이용해 대량으로 글을 등록하고 쿠팡파트너스의 링크를 남발하는 업자들이 많아진 탓에, 이제 그러한 링크가 포함된 글은 네이버에서 제외될 가능성이 매우 높아졌습니다. 아무리 쿠팡에서 내가 직접 구입한 제품을 리뷰하는 글이라도 쿠팡파트너스의 링크를 다는 순간 누락되는 경우가 많아지니, 일반적인 방법을 통해 쿠팡파트너스로 수익을 내기가 참 어려워진 것이지요.

또한 누락되는 글이 점점 쌓일수록 저품질 블로그가 될 확률도 높아진 탓에 많은 블로거들이 쿠팡파트너스를 기피하고 있습니다. 현재 시점에서 누락 문제를 해결하기 위한 가장 안전한 방법은 네이버 카페의 글에 쿠팡파트너스 링크를 포함시켜 우회 접속을 하게 하는 것입니다.

Q. 일 방문자 수 1000명 달성은 블로그 시작 후 며칠 정도 걸릴까요?

A. 블로그를 어느 정도 운영해온 분이라면 일 방문자 수 1000명 달성은 정말 쉬운 일이지만, 이제 막 시작한 분들 중에는 100명 달성도 어려워하는 경우가 부지기수로 많습니다.

하지만 마냥 어려운 일만은 아닙니다. 제 경우, 저품질 상태였던 블로그가 일 방문자 수 1000명을 기록하기까지 실제로 며칠이나 걸릴까를 테스트해보니 사흘이더군요. 제 컨설팅을 받은 수강생들 중에는 계정 생성 후 한 달 만에 4000명을 달성한 경우도 있었습니다.

다시 말해 일 방문자 수 1000명은 자신의 역량에 따라 한 달 안에도 충분히 가능하다는 의미입니다. 방문자 수가 쉽게 오르지 않는다면 이 책을 여러 번 반복해 읽으면서 자신의 체급에 맞는 키워드를 찾아 다포스팅을 하는 전략을 꼭 활용해보시기 바랍니다.

Q. 글을 하루에 두세 편씩 쓰고 있는데 전부 누락되어서 그런지 검색해도 안 나옵니다. 계속 이렇다면 제가 글을 쓰는 것에 아무런 의미가 없을 것 같기도 해요. 어떻게 해야 할까요?

A. 블로그 지수가 저품질 수준으로 특별히 낮은 상태가 아님에도 글이 누락되는 데는 여러 이유가 있습니다.

제일 먼저 생각할 수 있는 것은 특정 키워드가 본인의 블로그에서 스팸 필터링에 걸려 있는 경우입니다. 앞서 맛집 키워드를 예로 들면서 '이런 키워드를 글에서 너무 많이 사용하면 블로그에 좋지 않은 영향을 끼칠 수 있다'고 이야기했는데, 맛집 키워드가 실제로 스팸 필터링에 걸려 있는 상태라면 맛집 관련 글을 아무리 써도 누락될 확률이 매우 높습니다. 저도 맛집 체험단 활동을 매우 많이 했던 과거엔 어느 순간부터 맛집 관련 글만 쓰면 누락되는 경험을 한 적이 있습니다.

글에 삽입된 외부 링크가 이유일 수도 있습니다. 쿠팡파트너스를 비롯해 네이버가 신뢰하지 않는 외부 업체의 링크가 포함되어 있는 글은 누락되는 사례가 많습니다. 글 하나에 너무 많은 외부 링크가 달릴 경우에도 누락 확률이 커지니 이 또한 유의해야 합니다.

자신이 운영 중인 블로그가 아직 신뢰도를 크게 형성하지 못한 상태인데 글이 누락되었다면 경쟁이 센 상업 키워드, 혹은 정보성 키워드이긴 하나 검색량이 높은 키워드를 중심으로 작성된 글이 아닌지 살펴볼 필요도 있습니다. 퀄리티가 아무리 좋다 해도 이런 글은 블로그의 신뢰도가 충분치 않은 상태라면 검색 결과 리스트에서 수십 페이지 뒤로 밀려나 있을 가능성이 높습니다. 글이 누락된 것인지 밀려난 것인지를 확인하고 싶다면 자신이 쓴 글의 제목을 큰따옴표로 묶고("제목") 포털에서 검색해보세요. 검색 결과에 노출된다면 누락이 아니라 뒤로 밀려 있는 상태이니 걱정하지 않으셔도 됩니다.

Q. 알려주신 방법으로 키워드 검색 사이트에서 키워드를 검색해도 좋은 키워드인지 감을 잡기가 어렵습니다. 검색량 및 문서 수와 관련해 좀 더 명확한 기준은 없을까요?

A. 글을 처음 쓰는 분들부터 글이 100개 이상 쌓인 분들까지, 그동안 자신이 블로그에 어떤 글을 쌓아왔는가에 따라 블로그 지수는 모두 제각각이라 할 수 있습니다. 아무리 검색량이 많고 문서 수가 적은 황금키워드를 드린다 해도, 누군가의 글은 노출이 되고 누군가의 글은 그렇지 않을 수 있다는 뜻입니다. '자기 체급에 맞는 키워드를 찾는 것이 무엇보다 중요하다'고 제가 여러 번 강조하는 것도 이런 이유에서입니다.

그러나 그 기준을 딱 잘라 정답처럼 알려드리기는 불가능합니다. 검색량도 적당하고 문서 수가 적은 특정 키워드를 찾아내 글을 쓴다 하더라도, 본인보다 블로그 지수가 높은 블로거들이 해당 키워드로 글을 발행했다면 그것에 밀릴 확률이 높기 때문입니다.

그렇기에 노출이 되든 안 되든, 초보 블로거라면 검색량이 적당히 있으면서도 문서 수가 정말 적은 키워드 위주로 차곡차곡 글을 작성해나가야 합니다. 그렇게 유효 키워드의 글들을 꾸준히 쌓다 보면 전문성, 신뢰성, 관련성 등의 지수가 점점 올라갈 테고 결국엔 검색량이 높은 키워드도 노출될 수 있는 체급으로 성장할 것입니다.

Q. 인플루언서를 목표로 하고 있는데, 갑자기 맛집이나 미용실 체험단 글을 올리면 선정 시 불이익이 생기지 않을까요?

A. 다시 한번 강조하지만, 인플루언서를 목표로 한다면 현재로선 상업적 글을 최대한 배제하는 편이 좋다는 게 제 생각입니다. 해당 분야와 관련된 전문성 있는 글 위주로 포트폴리오를 쌓아나가야 그나마 인플루언서 선정 확률을 높일 수 있기 때문이죠.

다만 상업적 글을 전혀 작성하지 않으면 열정과 끈기가 아무리 많은 분이라 해도 '역시 블로그는 돈이 안 돼' 하는 생각에 중간에 포기할 확률이 높아질 수밖에 없습니다. 그러니 수익화 블로그를 목표로 한다면 인플루언서에 대한 갈망은 잠시 내려놓고 우선은 블로그 운영에 집중해보시라고 말씀드리고 싶습니다.

Q. 일 방문자 수가 1만 명이 넘었는데 협찬 제안이 많이 안 들어오네요. 무엇이 문제일까요?

A. 이런 경우는 그간 자기 블로그의 주제와 관련한 체험단 포트폴리오가 꾸준히 쌓이지 못했기 때문일 확률이 높습니다. 일 방문자 수 1만 명은 사실 단순 정보성 글만으로도 쉽게 달성할 수 있지요. 그러나 협찬이나 광고 제안은 일 방문자 수만을 기준으로 하는 것이 아니라는 점에 유의하셔야 합니다.

우선은 상업적 키워드의 체험단 리뷰 글을 적극적으로 발행해보세요. 그리고 그런 글들로 체험단 포트폴리오를 꾸준히 쌓아나가다 보면, 머지않아 해당 분야 업체의 마케팅 담당자들로부터 광고나 협찬 제안이 들어올 가능성이 훨씬 높아질 수 있습니다.

더불어 앞서도 몇 차례 강조했듯 리뷰의 글 및 사진 퀄리티에도 신경을 써야 합니다. 광고주 중에는 방문자가 많지 않은 블로그라 해도 해당 블로거가 사진을 잘 찍는지, 제품이 돋보이게끔 연출하는지, 집이 깔끔하고 예쁜지 등을 꼼꼼히 살펴보고 선정하는 이들이 굉장히 많으니까요.

Q. 한 블로그의 카테고리는 몇 개까지가 적당할까요?

A. 중심이 되는 메인 카테고리 세 개와 서브 카테고리 하나, 즉 메인과 서브를 3:1 정도의 비율로 운영하시면 괜찮습니다. 다만 서브 카테고리는 메인 카테고리의 주제에서 크게 벗어나지 않는 것이 좋다는 점에도 유의하세요.

Q. 블로그에 넣는 해시태그와 키워드는 몇 회 정도 노출되어야 하는지에 대해 명확한 기준이 있나요?

A. 체험단을 비롯해 광고를 의뢰하는 많은 업체들은 가이드라인에서 하단 해시태그 삽입을 요청하는 경우가 많습니다. 하지만 정확히 말해 해시태그는 블로그 상위 노출에 도움이 되지 않습니다. 그저 자기 블로그 내에서 특정 키워드로 검색할 때

해당 글을 찾기 쉽게 해주는 기능일 뿐이기 때문입니다.

실제로 검색 결과 리스트의 상위에 노출되게끔 영향을 미치는 것은 해시태그 자체가 아니라 제목에 들어가는 키워드, 그리고 본문 안에 자연스럽게 녹아든 키워드입니다. 이러한 키워드가 본문에 최소 1회 이상 자연스럽게 포함되어 있다면 상위에 노출되기에는 충분한 조건에 해당합니다.

단, 키워드를 많이 삽입하겠다는 생각에 문맥과 맞지도 않는 키워드를 글에 억지로 반복해 넣는 것은 피해야 합니다. 시스템에서는 이런 글을 오히려 품질 떨어지는 글로 인식해 누락시킬 가능성이 높아질 수 있기 때문입니다. 그러니 '제목과 본문에 자연스럽게 녹아든 키워드를 1회 이상 사용'이라는 기준만 지켜보세요.

Q. 업로드한 글을 수정하면 블로그에 안 좋을까요?

A. '이미 업로드한 글을 수정하는 것은 블로그에 좋지 않다'는 말이 있는데, 일부는 맞고 일부는 틀립니다.

우선 제목이나 본문에 오타 혹은 잘못된 내용이 있어 업로드 직후에 수정하는 것은 전혀 문제가 되지 않습니다. 다만 해당 포스팅이 상위에 노출되지 않았다는 이유로 제목과 본문 키워드를 통째로 바꾸는 행위는 좋지 않습니다. 네이버 알고리즘이 어뷰징, 즉 부적절한 행위로 판단할 가능성이 있기 때문입니다.

그러니 이미 발행한 글이 상위에 노출되지 않는다면 그 글을 이리저리 수정하기보다는 아예 새로운 글을 작성하는 편이 좋습니다. 기존 글을 그대로 복사해 붙이는 식은 당연히 안 됩니다. 제목과 내용 일부를 변경하거나 구성 방식을 달리하여 새롭게 발행해보시기 바랍니다.

만약 그렇게 했음에도 글이 계속 뒤로 밀린다면, 해당 키워드는 자신의 블로그 체급에서 다루기엔 어려운 키워드일 가능성이 높습니다. 이런 경우에는 같은 맥락의 키워드들 중 검색량이 적은 세부 키워드를 찾아 글을 쓴 뒤 포스팅해보면 좋습니다.

Q. 유튜브나 여타 다른 링크를 글에 넣으면 블로그에 좋지 않다고 하던데 맞을까요?

A. 네이버 시스템에서는 유튜브 링크도 외부 링크로 인식됩니다. 물론 유튜브 링크가 포함된 글이 무조건 누락되는 건 아닙니다만, 아주 간혹 그런 사례가 생기곤 합니다. 노출되지 않던 글에서 유튜브 링크를 제거하니 다시 노출되는 경우도 있었고요. 이처럼 블로그 글이 검색 결과에서 누락되는 원인의 8할은 외부 링크 문제일 경우가 많으니, 외부 링크는 반드시 필요한 경우에만 블로그 글에 삽입하는 것을 권합니다.

Q. 제 인스타그램에 올려둔 사진이나 글을 블로그에 그대로 가져와도 될까요?

A. 그보다는 자신의 블로그에 글이나 사진을 먼저 업로드한 후 그것들을 인스타그램으로 가져가 올리는 것을 추천합니다. 네이버 알고리즘은 유사 문서나 유사 이미지의 여부를 판단하기 위해 모든 웹사이트를 탐지합니다. 인스타그램도 예외가 되지 않는다는 뜻입니다. 물론 인스타그램에 올린 것들을 블로그에 한두 번 가져왔다고 해서 즉시 저품질 블로그로 인식되는 것은 아닙니다. 다만 이런 행위가 지속적으로 반복되면 누적 리스크가 될 수 있으니 이 점에만 주의한다면 크게 문제 될 일은 없을 것입니다.

Q. 현재 블로그가 제 명의가 아닌데 애드포스트는 제 명의로 등록 가능할까요?

A. 애드포스트에는 반드시 본인 명의의 통장만을 등록해야 합니다. 가족 명의나 타인 명의의 통장은 등록이 불가능하다는 뜻이지요. 또한 사규에 겸업금지 조항이 있는 직장에 다니시거나 공직자이신 분들은 애드포스트에 등록하기 전에 한 번 더 신중히 검토해봐야 합니다.

다만 애드포스트는 승인되었다고 해서 수익금이 곧바로 통장으로 지급되는 것이 아닙니다. 애드포스트 내부에서 수익이 계속 누적되는 구조이기 때문에 자신의 통장으로 지급 신청을 하지 않는 이상 사이버머니 형태로 쌓여나가지요. 때문에 만약 직장 환경상 겸업금지 이슈가 발생할 가능성이 있다면 애드포스트 수익을 연금처럼 계속 쌓아두었다가 퇴사 후 한꺼번에 지급받는 방법을 고려해볼 수 있습니다.

또 다른 방법으로는 사업자 전환이 있습니다. 사업자 전환 신청은 애드포스트 내에서 가능하며 사업자등록증을 첨부하면 대부분 하루 내에 전환 승인이 완료됩니다. 이후 사업자 계좌를 등록하면 그 계좌로 수익이 지급되는데, 지급을 위해서는 다음 달 해당 수익에 대한 세금계산서 발행이 필요하다는 점도 미리 참고해두시면 좋습니다.

Q. 하나의 블로그를 여러 명이 운영하는 게 가능한가요?

A. "블로그를 한 개가 아닌 두 개를 운영하는 게 좋을까요?"라고 제게 물어보는 분들이 많은데, 그럴 때마다 저는 "되도록이면 하나에 집중해서 운영해보세요"라고 답해드립니다. 더불어, 가능하다면 혼자가 아닌 둘이서 하나의 계정을 운영해보는 방식도 적극 추천하고요.

내가 아무리 시간을 쪼개서 블로그를 운영한다고 해도 하루에 글 하나조차 올리기 어렵다면 그 블로그는 성장 속도도 효율도 낮을 수밖에 없습니다. 하지만 가족 또는 지인과 함께 하나의 블로그를 공동으로 운영할 경우에는 글의 양이 두세 배까지 늘어날 테고, 그에 따라 블로그 지수도 빠른 속도로 상승하겠지요. 그 결과로 방문객 유입이 증가하면 증가할수록 체험단 선정을 비롯해 각종 수익화의 기회도 자연스럽게 늘어

납니다.

저 역시 블로그 운영을 혼자 감당하기 힘든 시점에는 아내로부터 도움을 받고 있고, 추후에는 직원을 채용해 더 많은 글을 포스팅할 계획도 갖고 있습니다. 실제로 인플루언서 중에는 직원을 고용해 블로그를 운영하는 분들이 많으니 '블로그는 꼭 나 스스로, 혼자서 해야만 한다'는 고정관념은 버리셔도 좋습니다.

Q. 고정 IP를 사용하지 않으면 저품질 블로그가 될 우려가 있다는데 괜찮을까요?

A. 과거에는 마케팅 업체들이 프로그램을 이용해 하나의 블로그에 매일같이 수십에서 수백 개의 글을 한꺼번에 올렸습니다. 이른바 어뷰징 행위를 한 것이죠. 네이버는 이에 대응하기 위해 해당 행위가 감지된 IP를 제재했는데, 그 이후로는 해당 IP에서 작성된 글이라면 무조건 스팸 필터링에 걸리는 경우가 많았습니다. 이러한 사례들에 대한 이야기가 와전되면서 "여러 IP를 사용하면 저품질 위험이 있다"라는 소문이 생겨난 것입니다.

하지만 실제로 문제가 되는 것은 특정 어뷰징이 발생한 '블랙리스트 IP'일 경우라서, 일반적 환경에서 특별히 문제가 되는 IP를 사용하지 않는 이상에는 크게 걱정할 필요는 없습니다. 즉, 고정 IP가 아니어도 블로그 운영에는 아무 문제가 되지 않으니 안심하세요.

Q. 신규 블로거는 하루에 많은 글을 올리면 좋지 않다던데, 그럼 글의 수를 적당히 유지하는 게 좋을까요?

A. 블로그 지수를 올리는 데까지는 일정 기간이 필요합니다. 앞서 설명했듯이 블로그 지수란 블로그의 전문성, 신뢰성, 관련성, 최신성 등의 세부 지수를 종합해서 지칭하는 표현입니다. 그렇기에 이제 막 블로그 계정을 만들어 하루에 열 개 이상의 글을 올리는 것으로 블로그 방문자 수를 폭발적으로 늘리기는 어렵습니다. 물론 키워드를 잘 선정하면 반짝 높일 수도 있겠죠. 하지만 대부분의 지수가 낮은 상태라면 다른 블로거들이 해당 키워드로 글을 작성할 경우 내 글은 순식간에 뒤로 밀려날 가능성이 큽니다.

때문에 하루에 열 개의 글을 발행할 여건이 된다면, 그 글들을 한번에 다 올리기보다는 발행 시점을 나누어 세 개 정도씩 예약 발행되도록 설정해두는 편이 블로그 지수 향상에 더욱 효과적입니다. 이러한 방식으로 블로그 지수를 천천히 쌓고 좀 더 검색량이 많은 키워드 위주로 한 단계씩 스텝 업을 해나간다면, 1일 3포스팅을 하지 않아도 일 방문자 수 1만 명이 유지되는 날이 분명히 올 것입니다.

Q. 외부 링크는 몇 개까지 등록하는 게 좋을까요?

A. 하나의 글에 외부 링크는 최대 두 개까지만 넣는 것을 추천합니다. 링크가 많아지면 많아질수록 해당 글이 누락될 확률 또한 높아지기 때문입니다.

네이버 알고리즘은 외부 링크 검열을 많이 하는 편입니다. 해당 링크가 안 좋은 사이트로 이어지는 것은 아닌지를 파악하는 것이죠. 때문에 네이버 자체 링크가 아닌 외부 링크에 대해서는 의심부터 하는 경향이 강합니다. 사람이 아닌 알고리즘이 하는 일이라서인지, 아무리 문제없는 링크라 해도 일단 외부 링크다 싶으면 그 정체를 일일이 파악하려 하기보다는 다짜고짜 누락시켜버리곤 하지요.

그러니 가장 좋은 방법은 글에 외부 링크를 아예 넣지 않는 것이고, 그다음은 네이버 자체 링크(네이버 스마트스토어, 네이버 카페, 본인 블로그 글 등)를 넣는 것입니다. 체험단 활동이나 광고, 협찬 건을 진행하는 경우에는 링크를 한 개 혹은 두 개까지 넣어달라고 요청받는 경우가 많은데, '쿠팡을 비롯한 외부 사이트의 링크는 자칫 글을 누락시키는 원인이 수도 있으니 참고해달라'고 담당자에게 미리 언질을 주는 편이 좋습니다.

Q. 블로그에 올리는 글의 글자 수는 몇 자 이상이 좋을까요?

A. '카더라'를 통해 많은 강사들이 "글자 수는 1500자 이상, 사진은 열 장 이상이 좋다"라는 말들을 합니다. 하지만 저는 글자 수에 크게 연연하지 않고서도 다년간 블로그를 잘 운영해왔

습니다. 체험단이나 광고, 협찬 건으로 작성하는 글은 퀄리티를 높이기 위해 모든 정성을 기울였지만 '몇 자 이상'과 같은 식의 기준은 세우지 않았습니다. 글이 다소 길어지더라도 좋은 퀄리티를 위해서라면 개의치 않았지요.

그와 달리 제 블로그의 방문객 수를 높이는 데 필요한 정보성 글은 최대한 담백하게 작성하려 합니다. 그래서 1000자 이하의 글이 있는가 하면 500자 정도 만으로 끝나는 글도 있습니다.

간혹 정보성 글임에도 예쁜 사진, 텍스트 스타일 등에 세세히 신경 쓰고 시간도 무척 많이 들여 작성하는 분들이 있는데, 이렇게 하면 블로그를 빠르게 성장시키기가 어렵습니다. 정보성 글은 속도가 생명이고 하루에 두세 편은 꾸준히 발행해야 하기 때문입니다. 그러니 정보성 글이라면 필요한 정보만 깔끔하게 담고, 문장 수는 최대한 줄이며, 제목에 해당되는 내용만 넣어 작성하는 연습을 하시기 바랍니다.

에필로그

인생 2막이 될
여러분의 블로그를 응원하며

책을 판매해서 내게 돌아오는 수익은 사실 크지 않다. 그럼에도 내가 이 책을 쓴 이유는 단 하나, 내가 수년간 블로그를 운영하며 겪었던 시행착오와 깨달음을 조금이라도 나누고 싶었기 때문이다. 나는 그간 유료 컨설팅에서만 공유했던 실전 노하우와 인사이트를 가능한 한 빠짐없이 이 책 안에 담으려 노력했다.

물론 독자들 중에는 이 책을 다 읽은 후에도 '뭔가 부족하다', '치트키 같은 내용이 더 필요하다'는 생각이 드는 분들도 있을 것이다. 하지만 블로그 수익화는 한두 개의 요령만 있으면 성공하는 게임이 아니다. 꾸준함, 끈기, 실행력, 이 모든 것들이 블로그 운영을 결국 성공으로 이끄는 본질적 요소이기 때문이다. 새로운 방법과 전략은 나 역시 매일 연구하고 있으니, 보다 효율적이고 스마트한 방식을 발견하거나 만들 수 있다면 앞으로도 내 유튜브 채널이나 강의를 통해 꾸준히 공개할 생각이다.

그저 하루이틀 몰입하는 것으로는 블로그의 수익화를 이룰 수 없다. 그러니 장기적 시각을 유지하며 반년에서 1년만 꾸준히 글을 쓰고, 포트폴리오를 쌓고, 방문자 데이터를 분석하면서 단점을 개선해나가자. 이렇게 하다 보면 분명히 누구나 성장과 수익화의 성과를 거둘 수 있다.

물론 처음에는 글 하나 올리기도 힘들고, 방문자 수가 하루에 100명도 안 되는 시기를 거칠 것이다. 그러나 그 단계를 버티고 나면 여러분의 블로그는 1000명, 5000명, 1만 명 이상의 방문자가 찾아오는 곳으로 성장할 것이다.

내가 수많은 블로거들을 만나며 느낀 것은 단 하나, 포기한 사람에게는 성과가 찾아오지 않는다는 점이다. 바꿔 말하자면 끝까지 포기하지 않고 꾸준히 이어가는 사람은 결국 자기가 기울인 노력만큼의 보상을 반드시 받는다는 뜻이기도 하다.

포기한다는 건 그때까지 쌓아왔던 시간 전부를 허공에 날리는 것과 같다. 그러니 이 책을 덮는 순간부터는 '포기'라는 단어를 머릿속에서 완전히 지워버리길 바란다. 블로그는 여러분을 결코 배신하지 않는다. 시간이 지나면 여러분이 쌓아온 만큼에 해당하는 보상을 반드시 안겨줄 테니 말이다.

그런 점에서 블로그는 당신의 인생을 바꾸는 두 번째 무대도 될 수 있다. 35세를 넘긴 뒤 내가 깨달은 인생의 진리는 '내 인생의 주인공은 나 자신이며, 누구도 나 대신 무언가를 해주지 않는다'였다.

회사를 다니며 1년 동안 죽어라 성과를 기록해도 월급 30만 원 올리는 것이 얼마나 힘든 일인지 우리는 잘 알고 있다. 그와 달리 블로그를 반년에서 1년만 꾸준히 운영하면 월 30만 원, 100만 원, 300만 원은 물론 그 이상의 성과도 충분히 거둘 수 있다. 처음에는 다른 이들로부터 "에이, 그걸로 돈 벌 수 있겠어?"라는 무시도 받을지 모른다. 그러나 여러분의 노력을 자양분 삼아 점차 성장한 블로그는 어느새 단순한 기록장이 아닌, 인생을 바꾸는 두 번째 무대가 되어 있을 것이다.

마지막으로 독자 여러분에게 드리고 싶은 말이 있다. 이 책을 통해 성과를 낸 사람이 단 한 명이라도 나온다면 그 자체가 내게는 더할 나위 없는 보람이다. 나는 앞으로도 독자들과 좋은 인연을 이어가고 싶고, 앞에서 끌어주는 멘토까진 되지 못하더라도 뒤에서 끝까지 응원하는 든든한 지원군만큼은 꼭 되고 싶다.

블로그 수익화는 분명 쉽지 않다. 그러나 절대로 불가능한 게임도 아니다. 지금 당장은 미약해 보인다 해도 반년, 1년만 꾸준히 노력을 기울이면 여러분의 블로그는 반드시 성장할 것이고, 그와 함께 여러분은 새로운 기회를 만나게 될 것이다. 그러니 기억하자. 포기하지 않고 꾸준히 이어가는 사람만이 블로그를 통해 인생을 바꿀 수 있다.

당신의 도전을 응원한다.

부록

블로그 핵심 용어 모음집

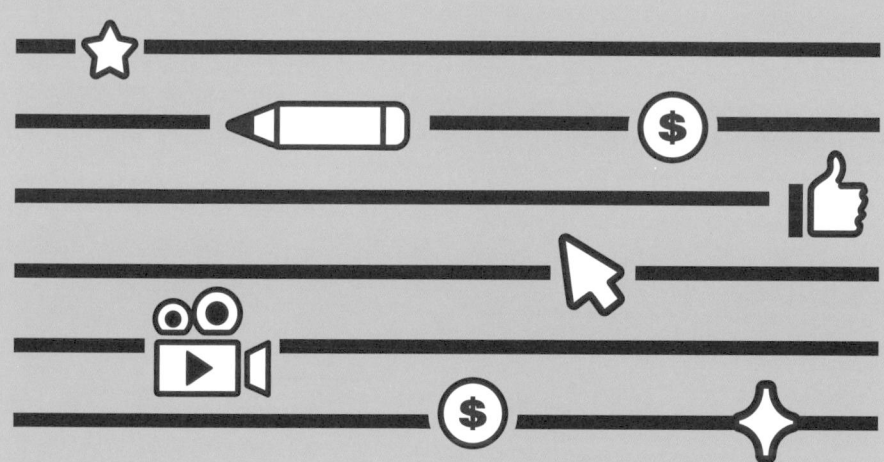

1일 N포

블로그에서 하루에 N개의 글을 발행했음을 뜻하는 표현. 하루에 올린 글이 한 편이면 '1일 1포', 다섯 편이면 '1일 5포', '1일 10포' 등과 같이 사용된다. 일반적으로 '1일 3포'나 '1일 5포'는 블로그 지수 상승이나 박스권 탈출을 위한 다포스팅 전략, 또 방문자 수 증가와 체급 상승을 유도하는 실전 전략 중 하나가 된다.

100블/천블/3천블/5천블/만블/2만블/3만블 등

'N+블'은 일 방문자 수가 N명인 블로그를 지칭하는 표현이다. 즉, '100블/천블/3천블/5천블…' 등은 '일 방문자 수가 각각 100/1000/3000/5000… 명인 블로그'임을 뜻하는 것으로 이해하면 된다. 흔히 블로그의 체급을 구분하는 표현으로 사용된다.

CPA(cost per action)

'행위당 광고 수익', 즉 방문객이 내 블로그를 통해 특정 행위를 할 때마다 광고주로부터 일정 금액을 지급받는 방식을 뜻한다. 이때의 '특정 행위'로는 회원 가입, 앱 설치, 상품 구매, 상담 신청 등 다양한 형태가 있을 수 있다. 가령 A라는 업체와 제휴해 내 블로그에 A 업체의 CPA 링크를 설치하고 나면, 이후 내 블로그의 방문객이 해당 링크를 눌러 A 업체의 회원으로 가입할 때마다 내게 1000원이 지급되는 식이라고 이해하면 된다.

CPC(cost per click)

'클릭당 수익 지급', 즉 애드포스트 등과 같이 블로그에 노출된 광고를 방문자가 클릭할 때마다 수익을 지급받는 방식을 의미한다. 1클릭당의 수익은 광고 주제, 키워드 경쟁도, 계정의 신뢰도 등에 따라 다르게 책정되기 때문에 많은 클릭이 발생할수록 CPC 또한 함께 증가한다.

C-랭크(C-RANK)

네이버 블로그의 콘텐츠 품질 지수로, 블로그 글의 신뢰도와 노출 영향을 판단하는 내부 알고리즘. 주제 적합성, 방문객들의 체류 시간, 공유 및 저장, 경험 기반 후기, 의견 및 분석 등 다양한 지표를 종합해 산출된다. 검색 결과 리스트의 상위 노출에 직접적 영향을 미치며, 같은 키워드의 글이라도 C-랭크가 높은 블로그의 글일수록 상단에 노출될 확률이 높다. 블로그 성장을 위해서는 한 가지 주제로 양질의 콘텐츠를 꾸준히 작성해 이 지수를 높이는 것이 중요하다.

GPTs(generative pre-trained transformer system)

오픈AI의 LLM인 챗GPT를 기반으로 특정 목적에 맞게 맞춤 설정할 수 있는 '사용자 정의 GPT' 기능. 쉽게 말해 특정 주제 또는 업무에 특화된 맞춤형 챗봇을 누구나 생성하고 활용할 수 있는 기능이다. 오픈AI의 유료 서비스인 '챗GPT 플러스'를 사용한다면 누구나 직접 만들 수 있다.

GPT스토어(GPTs store)

오픈AI에서 제공하는 플랫폼으로, 누구나 직접 맞춤형 GPT를 생성하고 공유할 수 있는 공간. 사용자는 챗GPT를 기반으로 자신만의 프롬프트 설정, 지식베이스 업로드, 행동 지침 등을 담은 '커스텀 GPT'를 만들 수 있고, 이를 GPT스토어에 공개하면 다른 사용자들이 검색해 사용할 수 있다. 쉽게 말해 사용자들이 챗GPT를 개인 맞춤 도우미처럼 만들고, 이를 하나의 앱처럼 공유·활용하게 하는 'AI 앱 마켓' 같은 개념이다.

HTML 서식코드

웹페이지의 내용을 구조화하고 꾸미기 위해 사용하는 마크업 언어. '제목(⟨h1⟩), 문단(⟨p⟩), 굵게(⟨strong⟩), 기울임(⟨em⟩), 줄바꿈(⟨br⟩), 링크(⟨a href⟩), 목록(⟨ul⟩⟨li⟩)' 등 다양한 서식을 텍스트에 넣어 지정할 수 있다. 블로그나 웹에 글을 올릴 때 특정 부분을 강조하거나 레이아웃을 정리할 때 사용되는데, 현재 네이버는 HTML 작성 형식을 허용하지 않는다.

LLM(large language model)

'대규모 언어모델'이라는 뜻으로, 대량의 데이터를 학습해 사람처럼 자연스러운 문장을 생성하는 인공지능 언어모델을 지칭한다. 챗GPT, 클로드, 제미나이 등이 대표적인 LLM이며 글쓰기, 요약, 번역, 코딩 등 다양한 작업에 활용된다.

겜스고(GamsGo)

넷플릭스, 유튜브 프리미엄, 디즈니플러스, 챗GPT 등 다양한 글로벌 구독 서비스를 여러 명이 함께 저렴하게 사용할 수 있도록 공유형 계정을 중개해주는 해외 기반 플랫폼. 사용자들은 저렴한 비용으로 정품 서비스를 안정적으로 이용할 수 있고, 블로거나 인플루언서는 겜스고와의 제휴를 통해 고유 추천 링크를 발급받아 수익을 창출하는 제휴 마케팅 수단으로도 활용할 수 있다. 겜스고와 비슷한 서비스로는 고잉버스(GoingBus), 네픽스버스(NFXBUS), 어롱쉐어(Alongshare) 등이 있다.

고정 IP(Static IP)

인터넷에 접속할 때마다 바뀌지 않고 항상 동일한 IP 주소를 사용하는 방식. 서버 운영, 원격 접속, 네트워크 보안 설정 등에 주로 사용되며, 한 번 설정되면 IP가 변하지 않아 안정적인 접속 환경을 제공한다. 이와 반대로 IP가 매번 바뀌는 방식은 '유동 IP'라 칭한다.

광고법

소비자 보호와 허위·과장 광고 방지를 위해 광고에 관한 기준 및 제한을 규정한 법률. 특히 건강기능식품, 의약품, 의료기기, 미용·시술 등 민감한 분야와 관련된 글에서는 해당 제품이나 서비스의 효과 및 효능을 단정하거나 소비자로 하여금 오인하게 만들 소지가 있는 표현을 사용하는 것이 법적으로 금지된다. 블로그나 SNS에서 협찬 글을 작성할 경우에도 '광고' 표시를 하지 않는다거나 객관적 근거 없는 주장은 펴지 않는 식으로 광고법을 준수해야 하며, 위반 시에는 시정명령이나 과태료 또는 형사처벌까지 받을 수 있다.

구글 크롬 확장프로그램

크롬 브라우저의 기능을 확장하거나 편리한 도구를 추가할 수 있는 작은 소프트웨어. 크롬 웹스토어에서 설치 가능하며 광고 차단, 메모, 캡처, 키워드 분석 등 다양한 목적에 맞게 사용할 수 있다. 블로그나 마케팅 업무를 하는 이들에게 매우 유용한 도구가 많다.

귀족 카테고리

네이버 블로그 내에서 경쟁이 낮고 상위에 잘 노출되며 수익화까지 가능한 고효율 카테고리로 IT/테크, 경제/재테크, 뷰티/패션 등이 이에 해당한다. 방문객들의 조회 수 대비 체류 시간이 길고 애드포스트 수익도 높은 편이라 블로그 체급을 빠르게 키우고 싶은 이들에게 전략적 카테고리로도 추천된다.

네이버 쇼핑커넥트
판매자와 콘텐츠 창작자를 연결해주는 네이버의 공식 제휴마케팅 플랫폼. 블로거 혹은 인플루언서가 네이버 쇼핑 상품을 홍보하고, 해당 링크를 통해 방문객들의 구매가 이루어지면 수수료를 지급받는다. 네이버 안에서 이루어지기 때문에 누락 걱정이 적고 신뢰도가 높은 제휴 방식이며, 네이버 쇼핑 검색 결과 상단에도 노출될 수 있어 유입 및 수익화에도 유리하다.

네이버 쇼핑탭 및 네이버 파워링크탭
이 둘 모두는 네이버 검색 결과 페이지에서 상단에 노출되는 광고 영역을 뜻한다. '네이버 쇼핑탭'에는 네이버 쇼핑에 입점한 스마트스토어, 브랜드몰, 오픈마켓 등의 상품이 노출되는데 제품 이미지, 가격, 리뷰 등이 함께 나타나기 때문에 구매전환율이 높다. '네이버 파워링크탭'은 네이버 검색 광고에 등록된 웹사이트 또는 쇼핑몰을 텍스트 중심으로 보여주고, CPC 방식으로 운영되며, 키워드 경쟁이 치열할수록 광고 단가가 높아진다. 이 두 영역은 일반 블로거의 글들보다 위에 노출되기 때문에, 블로그 체급이 낮을 경우에는 경쟁률 높은 상업성 키워드로 글을 작성하는 것에 특히 유의해야 한다.

네이버 알고리즘
네이버 검색엔진이 작동하는 원칙과 규칙. 주요 요소로는 클릭률, 체류 시간, 공유 수, 댓글 수, 최신성, 주제 일치도, 블로그 지수 등이 있으며 2025년 기준 'AIRSearch', '스마트블록', '인기글', '홈판' 등의 시스템에 반영되고 있다.

네이버 인플루언서

네이버에서 일정 기준을 충족한 콘텐츠 창작자를 검색 결과 상단의 '인플루언서 영역'에 노출되게 한 제도. 블로그, 인스타, 유튜브 등 다양한 채널을 운영하며 일정 수준 이상의 콘텐츠 품질과 활동량을 인정받은 창작자가 선정되는데, 이는 곧 네이버 내에서 영향력을 가진 창작자로 인정받았다는 의미이기도 하다. 네이버 인플루언서로 선정되면 전용 채널 운영, 키워드 등록, 검색 상단 노출 등 다양한 혜택을 받는다.

네이버 인플루언서 키워드 챌린지

각 주제의 네이버 인플루언서들이 특정 키워드 관련 콘텐츠를 등록해 검색 결과에 직접 참여할 수 있게끔 네이버가 공식적으로 제공하는 사이트. 이를 통해 창작자는 자신의 콘텐츠를 더 많은 사용자에게 노출시키고 전문성을 어필할 수 있다.

네이버 홈판

네이버 모바일 앱의 첫 화면에 노출되는 메인 피드 영역으로, 정확한 명칭은 '추천 콘텐츠'다. 여기에 노출된 글은 '인기글' 혹은 '추천글' 배지를 달고 수천에서 수만의 조회 수를 얻을 수 있어 네이버의 새로운 강력한 노출 창구가 되고 있다.

누락

네이버 블로그에서 글을 작성해 발행했음에도 키워드 검색 등의 결과에 노출되지 않는 현상. 주로 저품질 블로그, 광고성 키워드, 과도한 외부 링크, 반복 콘텐츠 등이 원인일 수 있는데, 이로써 검색 유입이 차단되어 수익화에 큰 타격을 줄 수 있으니 반드시 원인을 체크해봐야 한다.

롱테일 키워드(long-tail keyword)

단어 수가 많고 구체적인 키워드로, 경쟁이 적어 장기간 노출되는 검색어(예: '아이폰 미러링 LG 스마트 TV 연결 방법').

메인 키워드

글의 핵심 주제를 대표하는 가장 중심적인 키워드(예: '아이폰 미러링').

벤치마킹

다른 사람의 우수한 글이나 콘텐츠를 참고해 자신의 블로그 운영에 응용하는 전략. 단순히 복사해 붙이는 것이 아니라, 관찰과 분석을 거쳐 자신만의 것으로 재구성하는 방식이어야 한다.

복붙

'복사해서 붙여넣기'의 줄임말로, 다른 사람의 글이나 콘텐츠를 그대로 복사해 자신의 블로그나 게시물에 붙여 넣는 행위를 뜻한다. 단순한 복붙 행위는 창작성이 없는 데다 유사 문서로 판정되기 때문에 저품질 블로그로 분류되는 근거가 된다. 네이버 등에서는 검색 알고리즘에 의해 복붙 글이 노출되지 않거나 해당 블로그가 불이익을 받을 수 있기 때문에 큐레이션 혹은 패러프레이징 등으로 콘텐츠를 재구성하는 것이 중요하다.

브랜딩

특정 인물이나 제품, 서비스가 사람들에게 일관된 이미지와 가치를 갖도록 인식시키는 활동. 블로그에서의 브랜딩이란 곧 내 글과 콘텐츠를 통해 '나는 어떤 사람인가', '나는 어떤 것들을 전문적으로 다루는가', '나는 어떤 신뢰를 줄 수 있는가'를 꾸준히 보여주는 것, 즉 '이 분야에 대해서는 이 블로거가 잘 알고 있다'는 인식을 블로그 방문자들에게 심어주는 작업이다.

브랜딩 글쓰기

단순히 정보만 전달하는 글이 아니라 블로거 본인의 경험·생각·성장 과정 등을 담아 '나'라는 사람의 정체성과 신뢰감을 쌓기 위한 글쓰기 방식. 가령 '블로그를 시작하게 된 계기', '100명이었던 일 방문자 수가 3000명으로 성장한 과정', '첫 수익을 거두었을 때의 감정' 등을 진솔하게 기록하면 그 블로그는 단순 정보 제공처를 넘어 하나의 브랜드로 자리 잡게 된다. 이러한 브랜딩 글은 공감과 댓글을 많이 유도하며 추후 강의, 전자책 출간, 컨설팅 등 확장 수익화의 기반이 된다.

블랙키위

네이버 검색을 기반으로 키워드의 검색량, 경쟁도, 연관 키워드 등을 확인해 블로그 키워드를 분석할 수 있게끔 특화된 리서치 툴. 블로그 글쓰기에 적합한 확장 키워드나 롱테일 키워드를 찾는 데 특히 유용하고, 상위 노출 가능성을 고려해 자신의 블로그 체급에 맞는 키워드를 발굴하는 데도 도움을 준다. 무료 기능과 유료 기능이 병행되며, 주로 블로그 수익화를 목표로 하는 사용자들이 많이 활용하는 도구다.

블로그 박스권

방문자 수가 일정 구간에서 더 이상 오르지 않고 정체되는 구간을 뜻한다. 예를 들어 일 방문자 수가 500~700명 선에서 계속 머무르는 상태, 혹은 노출지수나 유효 키워드 변화 없이 같은 패턴이 반복되는 현상이 이에 해당한다. 지속적인 성장을 위해선 이 박스권을 인지하고 전략적으로 탈출하는 것이 중요하다.

블로그 지수

네이버 검색 알고리즘이 블로그의 신뢰도와 영향력을 판단하기 위해 내부적으로 평가하는 점수. 이 지수가 높을수록 검색 결과 리스트의 상위에 노출될 가능성이 커지고, 애드포스트 수익이나 체험단 활동, 원고료 협찬 제안에서도 유리한 위치를 차지한다. 주기적인 포스팅, 방문객들의 체류 시간 및 반응(공감과 댓글), 키워드 적합도, 전문성 등을 복합적으로 반영해 산출된다. 비록 네이버에서 공식적으로 인정받고 있지는 못하지만 블덱스, 블로그연구소, 블톡플래너 같은 사설 사이트에서는 확인할 수 있는 지수다. 흔히 '최적화 블로그', '준최블로그', '저품질 블로그' 등으로 체급처럼 구분되며, 꾸준한 운영을 통해 점진적으로 상승시킬 수 있다.

블로그차트

네이버 블로그의 전체 순위와 주제별 순위를 확인할 수 있는 대표적인 블로그 분석 사이트. 자신이 운영하는 블로그의 유효 키워드 수, 주간 순위 변동, 트렌드 키워드 등을 무료로 확인할 수 있어 블로그 성장 방향을 점검하는 데 유용하다.

블로그 체급

방문자 수, 유효 키워드 수, 검색 상위 노출 빈도, 글의 완성도, 주제의 전문성 등 다양한 요소를 종합적으로 반영해 블로그의 성장 단계나 영향력을 평가하는 개념. 체급이 높을수록 상위노출 확률과 수익화 기회도 더욱 많아진다.

블로그 카더라

공식 정보나 출처 없이 소문, 루머, 예상, 개인 추측으로 만들어진 블로그 관련 거짓 정보. '메모장이나 워드에 작성한 글을 복사 후 블로그에 붙여 넣으면 저품질 블로그로 걸린다'는 식의 말들이 블로그 카더라의 대표적 예다.

블로그 크리에이터 어드바이저

네이버 블로그 앱에서 제공하는 분석 기능으로 내 블로그의 조회 수, 애드포스트 수익, 인기글, 유입 키워드 등을 한눈에 확인할 수 있도록 도와주는 크리에이터 전용 도구다. '크리에이터 어드바이저(Creator Advisor)' 메뉴를 통해 요일별 수익, 트렌드 키워드, 상위 노출 키워드, 수익 기여 콘텐츠 등을 확인하면 어떤 주제로 글을 쓸 경우에 방문객 유입과 수익을 키울 수 있을지 전략적으로 판단할 수 있어 블로그 운영자라면 반드시 활용해야 할 필수 기능이다.

상업 키워드

검색 시 수익 활동(판매, 제휴, 광고 등)과 직접적으로 연결될 수 있는 키워드, 즉 '무선청소기 추천', '다이어트 약 후기', '호텔 할인 코드'처럼 구매 의도가 뚜렷한 키워드를 뜻한다. 대개는 체험단 활동, 원고료 수익, 제휴마케팅 수익을 위한 글에서 주로 활용된다.

서로이웃

네이버 블로그에서 상호 이웃 추가를 승인한 관계. 즉, 내가 이웃으로 추가한 상대도 나를 이웃으로 승인하면 '서로이웃'이 된다. 서로이웃 관계가 되면 일반 공개글뿐 아니라 서로이웃 공개로 설정한 글을 볼 수 있고 블로그 이웃피드에도 노출된다. 때문에 서로이웃 맺기는 초기 블로그의 활성화와 방문자 유입, 소통 확대 전략으로 자주 활용되며, 하루에 신청 가능한 서로이웃 수는 최대 100명이고 전체로는 최대 5000명까지 맺을 수 있다.

서브 키워드

글 속에 자연스럽게 녹아드는 보조 키워드로, 메인 키워드를 지원하며 검색 유입을 넓혀준다(예: '스마트폰 미러링', '아이폰 에어플레이').

숏테일 키워드(short-tail keyword)

한두 단어로 구성된 짧고 광범위한 키워드로, 검색량은 많지만 경쟁도 매우 치열한 검색어(예: '미러링', '아이폰').

스댓체

'스크랩'과 '댓글', '체류 시간'을 합쳐 줄여 부르는 말. '스크랩'은 서로의 글을 자신의 블로그로 퍼 가는 것, '댓글'은 서로의 블로그에 댓글을 달아주는 것, '체류 시간'은 서로의 글에 오래 머물러주는 것을 뜻하기에 '스댓체'는 곧 블로그 지수 상승을 위한 대표적인 품앗이 전략이다. 다만 과거와 달리 최근 네이버 알고리즘은 댓글 점수 반영의 정도를 축소했고, 특히 '체류 시간'을 가장 크게 반영하고 있음을 염두에 둘 필요가 있다.

스마트블록

특정 키워드 검색 시 네이버 알고리즘이 사용자의 검색 의도, 트렌드 등을 반영해 자동으로 연관 키워드들을 '인기 주제'로 묶어 검색 결과창 상단에 보여주는 블록. 이 블록에서 제시되는 키워드들에 맞춰 글을 작성하면 지수가 낮은 블로그라도 상위에 노출되는 기회를 얻을 수 있기 때문에, 스마트블록을 시리즈처럼 공략하는 것은 블로그 방문자 수를 빠르게 늘리는 전략으로 활용된다.

스팸 필터링

저품질 콘텐츠나 부정한 방식으로 제작된 콘텐츠를 걸러내기 위해 네이버, 구글, 유튜브 등의 검색엔진이나 플랫폼에서 자동화된 시스템. 소위 '복붙'이나 콘텐츠 무단 수집, 키워드 남용, 비정상 트래픽 유입 등 비정상적 행위를 탐지해 해당 글이 검색 결과에 노출되지 않도록 제한하거나 아예 제외시킨다. 스팸 필터링에 걸리는 글이 많으면 저품질 블로그로 분류되는 주요 원인이 되기 때문에, 이를 피하려면 신뢰도 있는 글쓰기와 사용자 경험 중심의 콘텐츠를 작성해야 한다.

어뷰징(abusing)

블로그나 포털, 온라인 플랫폼에서 허용된 규칙이나 알고리즘의 허점을 악용해 인위적으로 노출, 클릭, 수익 등을 부풀리는 행위. 과도한 키워드 반복, 동일한 글을 여러 블로그에 복사해서 올리기, 불법 프로그램으로 조회 수를 조작하는 행위 등이 이에 해당된다. 어뷰징 행위는 플랫폼에서 '비정상 행위'로 간주되며, 저품질 블로그 판정, 노출 제한, 서비스 이용 정지 등의 불이익이 가해지는 근거가 된다.

역제안

블로거가 기업이나 업체에 먼저 협업을 제안하는 것을 지칭. 대개는 기업이 블로거에게 협찬이나 원고료 제안을 먼저 보내는 것이 일반적이나, 역제안은 블로거가 주도적으로 업체들의 이메일을 수집해 자신이 운영 중인 블로그 이력과 방문자 수, 포트폴리오 등을 기반으로 "나는 귀사의 제품으로 리뷰를 진행하고 싶다", "이런 조건이라면 협업이 가능하다" 등의 내용으로 직접 제안하는 방식이다. 고가 제품 협찬, 원고료 수익 기회를 스스로 만들어내는 적극적인 수익화 전략에 해당한다.

연관 키워드

메인 키워드와 관련해 주제를 보완하거나 확장하는 키워드(예: '아이폰 미러링 TV 연결', '아이폰 미러링 안 됨').

유사 문서

다른 블로그나 사이트에 이미 올라온 글과 비교했을 때 문장 구조 또는 내용

면에서 매우 비슷한 포스트. 복사해 붙이거나 약간만 바꿔 쓴 글도 검색 알고리즘에서는 유사 문서로 인식되어 저품질 판정을 받을 가능성이 높다.

유사 이미지

다른 사람이 이미 사용한 이미지 또는 인터넷에 이미 퍼져 있는 이미지를 그대로 활용한 것. 특히 그러한 이미지를 출처 공개 없이 반복 사용하면 검색에서 불이익을 받을 수 있다.

유효 키워드

내 블로그의 글이 네이버 검색 결과 상위에 노출되게 만들고 실제 검색 유입을 발생시키는 키워드. 단순히 내가 글에 넣은 키워드가 아니라, 네이버에서 여타 사용자들이 검색했을 때 실제로 내 글을 노출시켜 방문자가 들어오게 만드는 '효과적인 키워드'만을 의미한다. 유효 키워드를 사용한 글이 많을수록 블로그 체급이 높고 방문자 유입도 꾸준히 증가하는 경향이 있다. 블톡플래너, 블로그차트 등 외부 도구를 통해 확인 가능하다.

원고료

블로거가 특정 제품이나 서비스를 소개하는 글을 작성하고 그 대가로 업체로부터 받는 비용. 주로 협찬 리뷰나 광고성 포스팅 등에서 발생하며, 금액은 콘텐츠의 품질·조회 수·블로그 체급 등에 따라 달라진다. 체험단이 무상 제품 제공을 중심으로 하는 활동이라면, 원고료는 현금 수익을 중심으로 하는 활동에 해당한다.

저품질 블로그

네이버 검색 알고리즘에 의해 신뢰도가 낮다고 판단되어 검색 결과에서의 노출이 급격히 줄어든 블로그. 주요 원인으로는 유사 문서와 유사 이미지의 반복 사용, 키워드 도배, 불법 키워드 사용, 과다한 광고성 콘텐츠, 방문객들의 체류 시간 저하, 소위 '복붙 기자단식' 글쓰기 등이 있다. 한 번 저품질 블로그로 판단되면 새 글을 써도 노출이 거의 되지 않고, 방문자 수도 급감하며, 복구 역시 쉽지 않다. 때문에 저품질 블로그로 인지되지 않도록 사전에 예방하는 것이 무엇보다 중요하다.

정보성 키워드

사용자가 궁금해하거나 문제를 해결하기 위해 검색하는 키워드로 대개는 상업적 목적이 아닌 정보 습득 또는 문제 해결과 관련된다. '아이폰 초기화 방법', '노트북 추천', '미세먼지 기준' 등이 정보성 키워드의 대표적 예에 해당한다. 이런 키워드들로 작성된 글은 방문객들의 신뢰도와 체류 시간을 높여 블로그 지수 상승에 도움이 되며, 꾸준한 방문객 유입도 기대할 수 있게 해준다.

제휴마케팅

제품이나 서비스를 직접 소유하거나 판매하지 않고 그것을 타인들에게 홍보한 뒤 그들의 구매나 가입 등 특정 행동이 발생하면 그에 따라 일정 수수료를 받는 마케팅 방식. 블로그나 SNS, 유튜브 등 자신의 채널에 고유 링크를 삽입해 수익을 창출할 수 있다. 쿠팡파트너스, 링크프라이스, 인플렉서 등이 제휴마케팅에 활용되는 대표적인 플랫폼이다. 초기 비용 없이도 시작 가능해 온라인 수익화의 진입장벽이 낮다는 것이 장점이다.

준최 블로그

네이버 블로그 지수 체계에서 '준최적화 블로그'를 의미하는 표현. 네이버 시스템에서는 운영 기간, 글 수, 방문자 수, 이웃 수, 게시글 품질, 주제 일관성 등을 종합해 블로그의 신뢰도(지수)를 판단하는데, '준최 블로그'는 '최적화 블로그' 바로 아래 단계로 일정 수준의 신뢰도를 인정받은 블로그임을 지칭한다. 준최 블로그 단계는 해당 블로그의 글이 어느 정도 검색 결과에 나타나는 등 상위 노출 가능성이 점차 높아지는 단계라 수익화나 체험단 활동을 시작하기에 적합한 구간으로도 여겨진다.

지식 스니펫

네이버 검색 결과 상단에 노출되는 정보 요약 박스. 사용자가 특정 질문형 키워드를 검색할 때 네이버가 신뢰도 높은 콘텐츠(블로그, 지식백과 등)에서 핵심 내용을 간략히 요약해 상단에 보여주는 기능이다. 보통은 '○○란?', '○○ 뜻', '○○ 방법'과 같은 정보 탐색형 검색에서 등장하는데, 이 영역에 노출되면 높은 클릭률과 트래픽을 기대할 수 있어 블로그 상위 노출 전략에서 중요하게 여겨진다.

지식창업

물리적인 상품이나 자본 없이 자신이 가진 경험, 노하우, 정보를 기반으로 수익을 창출하는 창업 형태. 자신만의 블로그 수익화 경험이나 노하우 등의 '지식'을 전자책 출간, 강의, 컨설팅, PDF 콘텐츠 등의 형태로 상품화하여 판매하는 것이 핵심이다. 초기 비용 부담이 적고 반복 판매가 가능하기 때문에 '디지털 자산'을 쌓는 방식으로 주목받고 있다.

천민 카테고리

네이버 블로그에서 광고 협찬을 받아 수익화를 하기가 어려운 주제들의 카테고리로 일상 글, 다이어리, 짧은 TMI, 사진 위주 기록 등이 이에 해당한다. 방문객들의 조회 수가 낮고 체류 시간도 짧아 블로그 지수 상승에 도움이 되지 않으며 애드포스트 수익 또한 거의 없다. 리뷰, 협찬, 대가성 활동, 블로그 수익화를 목표로 한다면 전략적으로 피해야 할 카테고리로 분류된다.

체류 시간

방문자가 특정 블로그 글에 머문 시간. 글의 흥미도, 가독성, 이미지 구성 등에 따라 달라지며 네이버 검색 알고리즘에서 '좋은 글'로 인식되는 중요 지표 중 하나다. 체류 시간이 길수록 블로그 지수와 상위 노출 확률이 높아질 수 있다.

체험단 포트폴리오

블로그에서 진행한 다양한 체험단 활동의 결과물. 이 포트폴리오는 향후 광고주나 업체에게 "나는 이러저러한 리뷰 경험들이 있습니다"라고 어필할 수 있는 근거 자료가 된다. 특히 방문자 수가 늘어나고 블로그 지수가 올라갈수록 '이 블로거는 꼼꼼하고 성실하게 리뷰한다'는 신뢰감을 주는 데 중요한 역할을 한다. 또한 원고료 협찬을 요청하거나 역제안 메일을 보낼 때에도 체험단 포트폴리오 링크를 함께 첨부하면 제안 수락률을 높일 수 있다.

최적화 블로그

네이버 블로그 지수 체계에서 '최적화' 상태로 간주되는 블로그. 최적화 블로그가 되면 새 글을 올려도 빠르게 검색 결과의 상위에 노출될 뿐 아니라 애드포스트 수익, 체험단 선정, 원고료 제안 등의 수익화 기회도 많아진다. 초보자들이 가장 선망하는 블로그 상태 중 하나.

쿠파스

'쿠팡파트너스'의 줄임말.

쿠팡파트너스

쿠팡에서 제공하는 제휴마케팅 프로그램. 내 블로그에서 쿠팡 제품을 홍보하고 해당 링크를 통해 방문객이 구매하면 수수료를 지급받는 구조로, 보통 구매 금액의 3퍼센트 내외가 수익으로 발생한다. 블로그뿐 아니라 SNS, 유튜브 등 다양한 채널을 활용해 누구나 참여할 수 있어 블로거들의 대표적인 수익화 수단 중 하나가 되고 있다.

큐레이션

여러 정보나 자료를 선별해 주제에 맞게 정리 및 요약해주는 글쓰기 방식. 출처를 밝히고 자신의 의견을 덧붙이면 가치 있는 콘텐츠로 인정받을 수 있다.

패러프레이징(paraphrasing)

기존 문장을 그대로 갖다 쓰지 않고 동일한 의미를 자신의 언어로 바꿔 표현

하는 것. 표절을 피하면서도 정보를 자연스럽게 전달할 수 있는 기술이다.

프롬프트(prompt)

AI에게 원하는 작업을 지시하거나 질문하는 문장 또는 명령어. 가령 "블로그 제목으로 다섯 개 추천해줘"와 같이 AI에게 어떤 결과를 요청하는 입력값이다. 프롬프트의 구성과 표현 방식에 따라 AI가 생성하는 결과의 품질이 달라지기 때문에 프롬프트 설계는 매우 중요하다.

해시태그(hashtag)

SNS나 블로그에서 특정 키워드 앞에 '#' 기호를 붙여 콘텐츠를 주제별로 묶어주는 기능. 가령 '#블로그수익화', '#IT리뷰' 등의 해시태그를 활용하면 동일 주제의 콘텐츠들이 쉽게 검색되고, 노출 확률도 올라가며, 타깃 독자와의 연결이 용이해진다는 장점이 있다. 블로그에서는 검색 유입보다는 이웃 유입, SNS 공유 확산용으로 주로 활용된다.

홈페이지형 블로그

블로그 방문자들이 마치 하나의 깔끔한 홈페이지에 온 듯한 느낌을 받을 수 있게끔 정돈된 구조와 디자인을 갖춘 블로그. 카테고리가 명확히 정리되어 있는 것과 더불어 상단 메뉴나 대표 이미지, 소개글 등을 통해 블로그의 주제 및 방향성을 한눈에 파악할 수 있도록 구성된 것이 특징이다. 광고주나 체험단 담당자에게 전문성과 신뢰감을 주기에 유리하다는 것이 홈페이지형 블로그의 장점이다.

환각 현상(hallucination)

실제로 존재하지 않는 정보나 사실을 AI가 마치 진짜인 것처럼 만들어내는 현상. 실제로는 존재하지 않는 웹사이트 주소, 잘못된 통계 수치, 허구의 인물 정보를 AI가 확신에 차서 사용자에게 제공하는 것이 환각 현상의 예로, AI가 저지르는 가장 대표적인 오류 중 하나로 꼽힌다.

황금키워드

검색량은 많지만 경쟁이 적어 블로그를 상위에 노출시키기 쉬우며 수익까지 연결해줄 가능성이 높은 키워드. 이런 키워드를 잘 잡으면 방문자 수가 빠르게 증가할 뿐 아니라 애드포스트 클릭이나 제휴 마케팅, 원고료 등 수익화에도 큰 도움이 된다. 황금키워드 발굴에는 대개 블랙키위, 데이터랩툴즈 같은 도구가 활용되는데, 자기 블로그 체급에 맞는 적정 수준의 황금키워드를 찾는 것이 핵심이다.

**글은 AI가 쓰고 돈은 내가 버는
초고속 블로그 수익화 전략**

초판 1쇄 인쇄　2025년 11월 24일
초판 1쇄 발행　2025년 12월 3일

지은이　새벽리더(조경민)
펴낸이　최순영

출판2 본부장　박태근
경제경영 팀장　류혜정
교정교열　장윤정
디자인　THISCOVER

펴낸곳　㈜위즈덤하우스　출판등록　2000년 5월 23일 제13-1071호
주소　서울특별시 마포구 양화로 19 합정오피스빌딩 17층
전화　02) 2179-5600　홈페이지　www.wisdomhouse.co.kr

ⓒ 새벽리더(조경민), 2025

ISBN 979-11-7591-004-1　03320

- 이 책의 전부 또는 일부 내용을 재사용하려면 반드시 사전에 저작권자와 ㈜위즈덤하우스의 동의를 받아야 합니다.
- 인쇄·제작 및 유통상의 파본 도서는 구입하신 서점에서 바꿔드립니다.
- 책값은 뒤표지에 있습니다.